PARA:

DE:

Por eso les digo: Crean que ya han recibido todo lo que estén pidiendo en oración, y lo obtendrán.

MARCOS 11:24

La misión de Editorial Vida es proporcionar los recursos
necesarios a fin de alcanzar a las personas para Jesucristo
y ayudarlas a crecer en su fe.

© 2004 Editorial Vida
Miami, Florida

Publicado en inglés bajo el título:
Daily Prayer from the New International Version
por The Zondervan Corporation
© 2001 por The Zondervan Corporation

Traducción: *Marcela Robaina*
Edición: *Silvia Himitian*
Diseño interior y cubierta adaptado por: *Gladys "Gigi" Grasso,
Grasso Design Studio*

ISBN: 0-8297-3606-9

Categoría: *Inspiración / Promesas*

Impreso en Estados Unidos de América
Printed in the United Sates of America

04 05 06 07 08 * 06 05 04 03 02 01

ORACIÓN
DIARIA
DE LA
NUEVA VERSIÓN
INTERNACIONAL

The gift group of Zondervan

INTRODUCCIÓN

En muchos automóviles aparece una calcomanía con la leyenda: «La oración lo cambia todo». ¿En serio? La Biblia nos recuerda que debemos orar «sin cesar» (1 Tesalonicenses 5:17), con constancia (Romanos 12:12) y «en todo momento» (Efesios 6:18). Pero, ¿cuáles son las cosas por las que deberíamos orar específicamente?

En la Biblia leemos una historia sobre David que contesta estas preguntas. Los amalecitas habían llevado cautiva a la familia de David. En lugar de improvisar frente a una situación difícil, 1 Samuel 30:6 dice que David «cobró ánimo y puso su confianza en el SEÑOR su Dios». El pasaje de 1 Samuel continúa señalando que David oró específicamente por su necesidad, y le preguntó a Dios si debía perseguir a los amalecitas y, de ser así, si les daría alcance. David actuó sin prisa y se tomó un tiempo para buscar a Dios. Al orar específicamente, obtuvo respuestas directas de parte de Dios que le proporcionaron la guía necesaria para rescatar a su familia.

Esto llevó a David a aprender algo importante con respecto a la oración: Cuando oramos sin un objetivo preciso, no somos capaces de ver la mano extendida de Dios, pronta a liberarnos de nuestros problemas y preocupaciones. Por el resto de su vida, David elevó peticiones específicas a Dios y esperó confiadamente la respuesta.

Tomando el ejemplo de David, las páginas de esta guía de oración tendrán un formato semanal para ayudarnos a concentrar las oraciones en: nuestra vida espiritual, nuestros amigos, la familia, la iglesia y la comunidad; en algunas regiones específicas del mundo, y en las maravillas de Dios. Busca en tus oraciones diarias las respuestas directas de Dios y escucha su voz. Se encenderá en ti la llama de una fe poderosa y tendrás bendiciones para ti y para otros. ¡Una oración así, sin duda, lo cambiará todo! Sigamos el consejo bíblico: «Dedíquense a la oración: perseveren en ella con agradecimiento» (Colosenses 4:2).

S. M. H.

PERDONADOS POR DIOS

Yo les perdonaré sus iniquidades, y nunca más me acordaré de sus pecados.

HEBREOS 8:12

Una de las bendiciones más grandes que Dios nos ha dado es la promesa del perdón. Aunque fracasemos una y otra vez, Dios es fiel para perdonarnos si confesamos nuestros pecados. La confesión no consiste meramente en mencionar nuestros errores obvios, sino en admitir nuestra responsabilidad en cuanto a las decisiones que tomamos y en reconocer cuando hemos actuado en desobediencia a la voluntad de Dios. La Biblia sostiene que si sacamos a la luz nuestras debilidades y las exponemos al amor de Dios, él no solo perdona esos pecados, sino que se olvida de ellos. ¡Qué bendición es ser perdonados por Dios!

S. M. H.

EN NUESTRA ORACIÓN DIARIA:

- Presentemos a Dios nuestros fracasos y errores.
- Recibamos el don divino del perdón.
- Alegrémonos de que Dios se olvida misericordiosamente de ellos.

GRATITUD POR LA FAMILIA

Por lo tanto, siempre que tengamos la oportunidad,
hagamos bien a todos, y en especial a los de la familia
de la fe.

GÁLATAS 6:10

A menudo las oraciones que hacen los niños al irse a dormir consisten en mencionar a todos los parientes, mascotas o conocidos que recuerdan y pedirle a Dios que los bendiga. A medida que crecemos nuestras oraciones se vuelven más largas que eso. Pero, de todas maneras, nunca deberíamos dejar de estar agradecidos por nuestra familia. Hemos recibido muchas cosas de ella: el color de los ojos, el tipo de cabello, pero también nuestros puntos de vista y nuestras actitudes frente a la vida. ¡Si uno de nosotros faltara, nuestras familias no estarían completas!

S.M.H.

EN NUESTRA ORACIÓN DIARIA:

- Agradezcamos a Dios por nuestros parientes cercanos (madre, padre, hermanos). Mencionémoslos uno por uno.
- Alabemos a Dios por nuestros parientes más lejanos (abuelos, tíos, y primos).
- Encontremos razones específicas para estar agradecidos por cada miembro de la familia.

CONTRA LA PARED

Les daré pastores que cumplan mi voluntad, para que los
guíen con sabiduría y entendimiento.

JEREMÍAS 3:15

En una pequeña iglesia una niñita presenciaba un culto de ordenación. Estaba un tanto desconcertada y le susurró a su padre: «Papá, se supone que hoy tenemos que instalar al nuevo pastor. Pero, ¿dónde están los tornillos para amurarlo a la pared?»

Si bien la pregunta nos resulta graciosa, es verdad que los pastores a veces sienten que los miembros de su iglesia los han colgado en una pared de críticas. Si no predican sermones conmovedores todas las semanas habrá quejas. Si no visitan a los enfermos o una reunión no comienza puntualmente, se los reprende. Sin embargo, los pastores son los líderes puestos por Dios. Cuando son instalados en su puesto, Dios quiere que los amemos.

S.M.H.

EN NUESTRA ORACIÓN DIARIA:

- Oremos por el tiempo de nuestro pastor: su tiempo de oración, de estudio y de adoración.
- Pidamos a Dios que le dé sabiduría para establecer prioridades entre familia y ministerio.
- Oremos por la salud de nuestro pastor, por su seguridad y para que sea protegido de tentaciones.

FUNCIÓN DIFÍCIL

Además, busquen el bienestar de la ciudad adonde los he deportado, y pidan al SEÑOR por ella, porque el bienestar de ustedes depende del bienestar de la ciudad.

JEREMÍAS 29:7

En 1900 había sólo once ciudades con más de un millón de habitantes en todo el mundo. En la actualidad existen más de ciento cincuenta. El alcalde de una ciudad tiene la responsabilidad de supervisar su administración y velar por el bienestar de todos sus habitantes. Esa es una tarea muy difícil. Tanto en un pueblo pequeño como en una gran urbe, el alcalde de la ciudad tiene una enorme responsabilidad que se incrementa con cada nuevo habitante y a medida que pasan los años.

S.M.H.

EN NUESTRA ORACIÓN DIARIA:

- Intercedamos por el carácter moral del alcalde de nuestra ciudad, por su integridad y para que tenga una clara comprensión del bien y el mal.
- Invoquemos la sabiduría de Dios y su guía en las decisiones que el alcalde deba tomar.
- Pidamos la protección de Dios sobre el líder de nuestra ciudad.

BUENAS NUEVAS PARA LA SELVA

*¡Qué hermoso es recibir al mensajero
que trae buenas nuevas!*

ROMANOS 10:15

Venezuela es un país moderno de América del Sur, muy conocido por el salto de agua más alto del mundo, el Salto del Ángel, y además por poseer uno de los yacimientos petrolíferos más grandes del planeta. Dentro de la selva tropical del sudeste venezolano, mucho menos conocidos, habitan los indios yanomami. Ellos pertenecen a una tribu fiera y guerrera, que desconfía de los extraños. Más allá de sus ranchos de paja y de la vida en la selva, saben poco acerca del mundo. Generación tras generación estos indígenas viven esclavizados por la superstición y la brujería. Los indios yanomami necesitan oír las buenas nuevas de la salvación de Dios.

EN NUESTRA ORACIÓN DIARIA:

- Pidamos a Dios que ilumine a los obreros cristianos para que comprendan la cultura yanomami y para que los indígenas puedan aceptar a Cristo en su corazón.
- Oremos para que los yanomamis aprendan a leer porciones de la Biblia traducidas a su idioma.
- Debido al aislamiento que hay en la selva, intercedamos pidiendo protección divina para los misioneros y los yanomamis.

¡PORQUE SÍ!

*Alábenlo por sus proezas, alábenlo
por su inmensa grandeza.*

SALMO 150:2

Un niñito entró corriendo a la cocina, abrazó las piernas de su madre, y le dijo:

—¡Tú eres la mejor mamá de todo el mundo!

No era su cumpleaños, así que el comentario de su hijo la tomó por sorpresa.

—¿Por qué lo dices? —le preguntó con una sonrisa.

—Por nada —contestó mientras corría hacia fuera—. ¡Porque sí!

Todos valoramos las muestras de aprecio, especialmente cuando son imprevistas. ¿Cuándo fue la última vez que expresamos nuestro aprecio a Dios? No porque nos hubiese bendecido o porque hubiera solucionado algún problema. ¿Cuándo fue la última vez que le expresamos nuestro aprecio «porque sí»?

S.M.H.

EN NUESTRA ORACIÓN DIARIA:

- Imaginemos que somos como niños abrazados a las piernas de Dios. Luego, sonríamos y agradezcámosle por lo que él es.
- Alabemos a Dios por su grandeza, su fidelidad, su amor y su compasión. Alabémoslo con cantos, si lo deseamos. ¡A Dios le encanta escucharnos cantar!

TEMPLO DE DIOS

*¿Acaso no saben que su cuerpo
es templo del Espíritu Santo?*

1 Corintios 6:19

En el parque Centenal de Nashville, en el estado de Tennessee, hay una réplica exacta del Partenón. Los visitantes observan boquiabiertos las altas columnas, los bajorrelieves ornamentales y los bloques macizos de piedra que recrean el templo de la diosa griega Atenea. La Biblia nos dice que nuestro cuerpo es más maravilloso que este monumento hecho por los hombres en honor de un personaje mitológico. Nuestro cuerpo es templo del Espíritu Santo de Dios. Originalmente el Partenón albergaba la estatua de Atenea, en cambio nuestro cuerpo alberga al Espíritu del Dios vivo. Nuestro cuerpo es un lugar de adoración, gloria, honor y magnificencia: el Espíritu Santo habita dentro de él.

S.M.H.

EN NUESTRA ORACIÓN DIARIA:

- Reconozcamos con gratitud la presencia de Dios en nuestra vida.
- Apartémonos deliberadamente de las cosas que puedan dañar el templo de Dios, nuestro cuerpo.
- Pidámosle a Dios que nos muestre cómo adorarlo, glorificarlo y honrarlo con nuestro cuerpo.

DAVID Y JONATÁN

Tanto lo quería, que hizo un pacto con él.

1 SAMUEL 18:3

Cuando los primeros pobladores blancos llegaron a América del Norte, hallaron una tierra ya habitada por nativos. Aunque los nativos no tenían una escritura alfabética, su vocabulario era tan avanzado como el de los nuevos pobladores. En efecto, su comprensión de la amistad era similar a la que tenían David y Jonatán, y la Biblia nos habla de ella. David y Jonatán cultivaron su amistad compartiendo los problemas y las alegrías. La palabra que usaban los nativos de América del Norte para decir «amigo» refleja la profundidad de esa relación, ya que se puede traducir como «el que carga mis tristezas sobre sus hombros».

S.M.H.

EN NUESTRA ORACIÓN DIARIA:

- Agradezcamos a Dios por nuestros amigos, mencionemos a cada uno por su nombre.
- Pidamos una bendición especial para cada uno, una bendición «hecha a medida» para cada amigo.
- Pidamos a Dios que nos muestre cómo alentar a un amigo hoy.

UN MEJOR MAESTRO

Vengan, hijos míos, y escúchenme, que voy a enseñarles el
temor del SEÑOR.

SALMO 34:11

Con motivo de la convención de escuelas dominicales llevada a cabo en Chicago, Howard Hendricks conoció a
una mujer del norte de Michigan. Hendricks se enteró de que
esta mujer, de ochenta años, enseñaba en una Escuela
Dominical a una clase de 50 varones que cursaban los
primeros años de la segunda enseñanza. Ella había ahorrado
centavo a centavo para pagarse el pasaje de ida y vuelta en
autobús y asistir por un día a la convención. Cuando
Hendricks le preguntó por qué se había tomado ese trabajo,
la mujer le respondió: «Vine para aprender cómo ser una
mejor maestra». Su compromiso avergonzó a Hendricks y
despertó en él también el deseo de ser un mejor maestro.

EN NUESTRA ORACIÓN DIARIA:

- Pidamos a Dios que convoque a maestros consagrados y
  aptos para dar las clases de Escuela Dominical a nuestros
  hijos.
- Intercedamos para que los maestros puedan disponer de un
  tiempo sin interrupciones mientras preparan sus lecciones
  semanales.
- Oremos para que los maestros crezcan en el entendimiento
  de Dios y puedan transmitirlo a sus alumnos.

BUENA O MALA FAMA

Sométanse por causa del Señor ... a los gobernadores que él envía para castigar a los que hacen el mal y reconocer a los que hacen el bien.

1 PEDRO 2:13-14

En cualquier estado de Norteamérica el funcionario electo de más alto rango es el gobernador. Como responsables de la administración de todos los departamentos del estado, muchos gobernadores han hallado en este cargo un valioso campo de adiestramiento para la presidencia. Más del cuarenta y cinco por ciento de los presidentes de Norteamérica gobernaron bien sus estados o regiones primero. Sin embargo, en los libros de historia están registrados tanto los gobernadores honorables como los corruptos. En las últimas dos décadas, han habido magistrados depuestos por coimas, conspiraciones, obstrucción a la justicia y uso indebido de fondos. Nuestras oraciones pueden ser determinantes para que nuestro gobernador sea reconocido por su buena reputación o recordado por su mala fama.

S.M.H.

EN NUESTRA ORACIÓN DIARIA:

- Intercedamos por nuestro gobernador para que Dios guíe sus decisiones políticas.
- Oremos pidiendo la protección de Dios sobre nuestro gobernador: por su salud, por su entorno.
- Pidamos a Dios que nuestro gobernador se rodee de amigos de confianza que le exijan integridad y responsabilidad.

EL SACRIFICIO PERFECTO

Porque Cristo murió por los pecados una vez por todas,
el justo por los injustos.

1 PEDRO 3:18

Myanmar, antes conocido como Birmania, sabe de sacrificios y luchas. El país, una unión de siete distritos y siete etnias minoritarias, está sometido a una dictadura militar y profesa la religión budista. Las familias suelen entregar sus hijos a los monasterios budistas, porque creen que ese «sacrificio» les proporcionará a los miembros de la familia mejores oportunidades en la vida eterna. Los misioneros cristianos trabajaron en Myanmar hasta su expulsión en 1966. Todavía queda un pequeño grupo de creyentes, pero la predicación del mensaje de Cristo es fuertemente resistida por el gobierno.

EN NUESTRA ORACIÓN DIARIA:

- Pidamos a Dios que fortalezca la fe de los creyentes birmanos.
- Oremos para que el mensaje del sacrificio de Cristo llegue de «una vez por todas» a los inconversos.
- Intercedamos para que las restricciones del gobierno no sean tan estrictas, de modo que los creyentes birmanos puedan compartir su fe más libremente.

PIENSA Y AGRADECE

*Hablaremos a la generación venidera
del poder del SEÑOR, de sus proezas,
y de las maravillas que ha realizado.*

SALMO 78:4

El Salmo 78 resume la historia de la nación de Israel desde la época de Jacob hasta el reinado de David. Este Salmo contiene varias acusaciones contra el pueblo de Dios por su tendencia a olvidar. A pesar de los repetidos milagros divinos a su favor, «jamás se acordaron de su poder» (v. 42) sino que se rebelaron contra él, desobedecieron y «pusieron a prueba a Dios» (v. 56). El salmista se dio cuenta de que si recordaban diligentemente «las maravillas que [Dios] ha realizado» (v. 4), las generaciones futuras no caerían presas de los mismos errores que sus antepasados.

S.M.H.

EN NUESTRA ORACIÓN DIARIA:

- Recordemos lo que Dios ha hecho por nosotros: nos envió un Salvador, nos dio un hermoso mundo en donde vivir, nos da el amor de nuestros amigos y parientes, y nos concede muchas otras bendiciones en la vida.
- Agradezcamos a Dios específicamente por las bendiciones imprevistas con las que nos colma.
- Alabemos a Dios por las pruebas de su amor inquebrantable y por su constante protección.

HIJOS DE DIOS

Seré para ustedes un Padre, y ustedes serán mis hijos y mis hijas, dice el Señor Todopoderoso.

2 CORINTIOS 6:18

Por medio de la adopción, Wayne y Sherry abrieron su corazón a un niño. Prepararon para él un lugar en su casa y esperaron ansiosos su llegada. Cuando el juez declaró que la adopción era oficial, la gente que estaba en la sala de la corte se alegró y sus rostros se iluminaron con una sonrisa. ¡Anthony ahora era hijo de Wayne y Sherry!

Espiritualmente, la experiencia de Anthony es también la nuestra. Dios nos ama tanto que ha abierto su corazón. Nos ha preparado un lugar para vivir con él y espera ansioso nuestra llegada (Juan 14:2-3). Cuando nos convertimos en sus hijos hay alegría en los cielos (Lucas 15:7). Vamos, ¡ánimo! ¡Aleluya! ¡Somos hijos de Dios!

S.M.H.

EN NUESTRA ORACIÓN DIARIA:

- Agradezcamos a Dios por habernos adoptado.
- Imaginemos cómo será nuestro hogar en el cielo.
- Pidámosle a Dios que nos cuide como lo hace un padre con sus hijos.

POLARIDAD MAGNÉTICA

Consideren bien todo lo verdadero, todo lo respetable,
todo lo justo, todo lo puro, todo lo amable, todo lo digno
de admiración, en fin, todo lo que sea excelente o
merezca elogio.

FILIPENSES 4:8

A los niños les fascina la polaridad magnética. Cuando se intenta juntar dos imanes por el mismo polo, los imanes se repelen. Pero cuando un polo positivo se acerca a un polo negativo, los imanes se atraen.

Esta lección acerca de los imanes puede aplicarse también a las familias. Si nos concentramos en los rasgos negativos de nuestros parientes, la crítica separará a nuestra familia. Por el contrario, si buscamos las facetas positivas de un pariente que nos irrita, nos acercaremos a él y aprenderemos mutuamente el uno del otro.

S.M.H.

EN NUESTRA ORACIÓN DIARIA:

- Confesemos a Dios si sentimos antagonismo hacia un pariente. Seamos específicos.
- Pidámosle a Dios que nos muestre los aspectos positivos que tiene esa persona, no importa lo pequeños que sean.
- Oremos para que Dios nos ayude a concentrarnos en esa cualidad digna de aprecio. ¡Evitemos repeler como lo hace el imán!

NO HAY CLASES

La enseñanza de los sabios es fuente de vida.

PROVERBIOS 13:14

John y Joanne estaban de visita en una iglesia nueva. Las personas eran atentas y el culto inspirador. Pero la iglesia no tenía ninguna clase de Escuela Dominical para adultos. John y Joanne, por lo tanto, se sentaron en la entrada y comenzaron a analizar en voz baja un pasaje bíblico. Un joven se acercó y les preguntó si podía unírseles. Una vez que los voluntarios acabaron de limpiar la cocina, también acercaron unas sillas. Al cabo de una hora, esa clase improvisada de Escuela Dominical contaba con nueve personas.

No necesitaron asistir a un seminario o tener un título profesional en homilética para sentarse y estudiar juntos la Biblia. Bastó la voluntad de espíritu. Y las vidas se transformaron para siempre.

S.M.H.

EN NUESTRA ORACIÓN DIARIA:

- Agradezcamos a Dios por nuestro maestro de Escuela Dominical.
- Pidámosle a Dios voluntad para meditar en la Palabra de Dios junto con otros.
- Oremos para tener la oportunidad de ser maestros de Escuela Dominical.

SENADORES Y VENDEDORES

Porque Dios no es injusto como para olvidarse
de las obras y del amor que, para su gloria,
ustedes han mostrado sirviendo a los santos,
como lo siguen haciendo.

HEBREOS 6:10

Aquel sábado, el hombre que hacía las compras en la ferretería parecía ser un ciudadano común. Sus niños, inquietos dentro del carro, estiraban las manos para juguetear con los tornillos mientras él examinaba un exhibidor con impermeabilizantes. Pero esta persona no era un individuo más. Se trataba del senador de mi estado y necesitaba mi ayuda. Mientras lo despachaba con el producto apropiado en la mano, me agradeció y empujó el carro con los niños hacia la salida. Me di cuenta de que, se trate de quien se trate, senadores o vendedores, las personas siempre necesitan ayuda para realizar una tarea. Nuestra ayuda a los demás debería comenzar con la oración.

S.M.H.

EN NUESTRA ORACIÓN DIARIA

- Agradezcamos a Dios por los senadores, hayamos votado por ellos o no.
- Oremos por los senadores del mismo modo que lo haríamos por nosotros mismos: por buenos consejos, por seguridad, por salud, etc.
- Pidamos a Dios que nos ayude a animar a los senadores. El aliento es tan necesario como la información política.

LA GUERRA SANTA DE SUDÁN

*Y, al mismo tiempo, intercedan por nosotros
a fin de que Dios nos abra las puertas
para proclamar la palabra.*

COLOSENSES 4:3

El país más grande de África está inmerso en una guerra impía. Desde 1985, el gobierno musulmán del norte de Sudán ha declarado la guerra contra la mayoría cristiana del sur del país. Desde sus comienzos, en esta cruel guerra «santa» se han matado más de dos millones de personas. Millones arriesgan su vida. Las familias del sur están aterrorizadas: los padres son asesinados, las madres resultan violadas y los niños vendidos como esclavos. Las enfermedades han arrasado pueblos enteros. Aumenta el hambre. Las naciones occidentales poco a poco se han vuelto sensibles a esta situación y envían ayuda. Pero la guerra y la persecución continúan.

EN NUESTRA ORACIÓN DIARIA:

- Intercedamos por la salvación de los gobernantes de Sudán.
- Pidamos la protección de Dios para los que entregan los paquetes de ayuda humanitaria.
- Pidamos a Dios por los creyentes en Sudán, para que se mantengan firmes en la fe. Quiera Dios que puedan tener ocasión de compartir el evangelio con sus perseguidores y ver los frutos.

UNA NUEVA CANCIÓN

Alábenlo por sus proezas,
alábenlo por su inmensa grandeza.

SALMO 150:2

¿Has agradecido a Dios alguna vez por las maravillas que ha hecho por ti? Eugene Peterson dice que el libro de los Salmos termina con «un estruendo de alabanza. Una salva de cañones que disparan alegría y hacen estremecer el aire. Todas las criaturas se unen a una voz en el coro final. No hay rastro de timidez ni vestigio de solemnidad: giran, bailan y elevan canciones llenas de alabanza. Usan todos los registros de voces y los recursos de sus cuerpos para expresar su deleite en el Dios que se complace en ellos».

EN NUESTRA ORACIÓN DIARIA:

- Reconozcamos la inclinación del hombre a notar lo que le falta en lugar de lo que tiene.
- Entonemos una nueva canción de alabanza mientras enumeramos las cosas maravillosas que Dios ha hecho por nosotros.
- Anhelemos un corazón abierto que reconozca inmediatamente las misericordias de Dios y las acepte.

EL REMEDIO PARA EL PECADO

Hemos sido justificados mediante la fe.

ROMANOS 5:1

Pablo fue capaz de mirar con intrepidez a través la oscuridad del mundo conservando una mirada llena de esperanza. Sabía que Dios había provisto el remedio para el pecado, y que este era suficiente para satisfacer toda nuestra necesidad. La salvación se encuentra en Cristo. Pablo escribió con el convencimiento de que la solución a los problemas humanos podía venir únicamente a través de Cristo. La manera de restañar las heridas de la humanidad es por medio de la sangre que Jesús derramó. Únicamente una relación viva con él nos posibilita la esperanza de novedad de vida y la realización de nuestros ideales.

G. CAMPBELL MORGAN

EN NUESTRA ORACIÓN DIARIA:

- Alabemos a Dios por la justificación mediante la fe en Cristo.
- Alegrémonos porque esta bendición viene acompañada por la restauración de la comunión.
- Agradezcamos a Dios porque, gracias a la obra de Cristo en la cruz, tenemos acceso a su gracia y gloria.

UNA BUENA GUÍA

Por tu gran amor guías al pueblo que has rescatado.

ÉXODO 15:13

Cuando los niños son pequeños todo el aprendizaje que deben realizar parecen no tener fin. Una vez que han aprendido a caminar, deben aprender a correr. Luego también es necesario que aprendan a abotonarse y a atarse los cordones. Pero una lección que necesitan recibir repetidamente es la de la obediencia. «Dame la mano». «¡Mira eso!» «¡Para!» Seguir estas sencillas instrucciones enseña a los menores el valor de la obediencia. Por ello, cuando Dios nos dice: «Dame la mano». «¡Mira eso!» «¡Ven por aquí!» la experiencia que ya hemos adquirido al obedecer sus consejos nos hace más fácil seguir su camino.

S.M.H.

EN NUESTRA ORACIÓN DIARIA:

- Pidámosle a Dios que nos dé sabios consejos para orientar a los pequeños en su vida.
- Intercedamos por esos pequeños, para que tengan un corazón abierto a la dirección de Dios.
- Oremos para ser buenos ejemplos de cómo seguir la dirección de Dios al tomar nuestras propias decisiones.

LÍDERES DE JÓVENES

*Me puse a ver a los inexpertos, y entre los jóvenes observé
a uno de ellos falto de juicio.*

PROVERBIOS 7:7

Colgado en el pabellón de dormitorios de una universidad, un cartel anunciaba: «Nuestros jóvenes aman el lujo. Tienen malos modales y menosprecian a las autoridades. Faltan el respeto a sus mayores y prefieren conversar en vez de trabajar. Ya no se ponen de pie cuando los adultos entran a la habitación. Contradicen a sus padres, conversan cuando hay visitas, tragan la comida y son tiranos con sus profesores». ¿Quién es el autor de esta descripción tan acertada? Sócrates, ¡Y lo dijo 400 años antes de Cristo!

La juventud no ha cambiado mucho con el transcurso de los siglos. Los líderes de jóvenes que comparten las buenas nuevas de Dios necesitan encarnar la paciencia de Job, la sabiduría de Salomón y el coraje de David. ¡Vaya si necesitan nuestras oraciones!

S.M.H.

EN NUESTRA ORACIÓN DIARIA:

- Agradezcamos a Dios por los jóvenes de nuestra congregación.
- Alabemos a Dios por aquellas personas que ministran a los jóvenes en nuestra congregación.
- Pidamos a Dios que les dé creatividad, aliento, energía y comprensión a las personas que trabajan con grupos de jóvenes.

LAS LEYES Y LA VOLUNTAD DE DIOS

Así que recomiendo … que se hagan plegarias, oraciones, súplicas y acciones de gracias por todos, especialmente por los gobernantes y por todas las autoridades, para que tengamos paz y tranquilidad, y llevemos una vida piadosa y digna.

1 TIMOTEO 2:1-2

En la escuela, un adolescente estaba aprendiendo la manera en que los legisladores proponen leyes, y luego cómo esas propuestas se convierten finalmente en leyes. Todo el proceso parecía tan lento que el adolescente afirmó: «¡Qué bueno que Dios nos haya dado su ley en el monte de Sinaí, porque Moisés nunca hubiera podido lograr que se aprobaran los Diez Mandamientos en Washington sin una comisión de estudio, una enmienda acordada por ambos partidos y una aparición en C-Span [el canal de cable que transmite en vivo las sesiones de la cámara de representantes]!»

Se requiere mucho esfuerzo para hacer funcionar nuestro sistema de gobierno. Los legisladores necesitan nuestras oraciones si han de elaborar leyes de acuerdo con la voluntad de Dios.

S.M.H.

EN NUESTRA ORACIÓN DIARIA:

- Presentemos a nuestros legisladores delante del trono de Dios.
- Oremos para tener un oído atento a las leyes que presentan nuestros representantes.

TABLA DE SALVACIÓN PARA NAMIBIA

Por tanto, no nos desanimamos. Al contrario, aunque por fuera nos vamos desgastando, por dentro nos vamos renovando día tras día.

2 CORINTIOS 4:16

Namibia es un país con un millón seiscientos mil habitantes, que hablan veintiún idiomas diferentes, y cuyo gobierno simpatiza con el cristianismo. Tiene una radio cristiana que llega al noventa y cinco por ciento de la población. Sin embargo, esta es una imagen parcial de Namibia.

Su contraparte es una cultura que abusa de las bebidas alcohólicas y que tiene un alto índice de analfabetismo. Muy posiblemente dentro de diez años la mitad de la población muera de enfermedades vinculadas con el SIDA. Namibia necesita una tabla de salvación. Namibia necesita la mano de Dios.

JESSICA RODRÍGUEZ

EN NUESTRA ORACIÓN DIARIA:

- Oremos para que la verdad de Dios alcance al pueblo de Namibia y les infunda esperanza.
- Intercedamos por quienes llevan el mensaje del amor de Dios a los enfermos de SIDA.
- Oremos para que los mensajes radiales acerca de la pureza sexual lleguen a los corazones de los jóvenes y los libre de los estragos de esta enfermedad.

DIOS ES AMOR

Y el Dios de amor y de paz estará con ustedes.

2 CORINTIOS 13:11

Si la gente se convenciera de que Dios es amor, 24 horas bastarían para que el mundo entero se acercara a él. Cuando convencemos a un hombre de que lo amamos, lo hemos ganado. De igual modo si convencemos a los hombres de que Dios los ama, ¡los veremos correr hacia el reino de Dios! ¡Y de qué modo! ¿Te has alejado de Dios? No importa cuánto hayas pecado; deja que este texto penetre tu alma: «Dios es amor».

DWIGHT L. MOODY

EN NUESTRA ORACIÓN DIARIA:

- Recordemos que el amor de Dios es inmutable e inquebrantable.
- Escuchemos su voz de amor y compasión cuando nos habla.
- Dejemos que el amor de Dios afirme nuestro amor por los demás.

UN PASAPORTE CELESTIAL

Por lo tanto, ustedes ya no son extraños ni extranjeros,
sino conciudadanos de los santos y miembros de la
familia de Dios.

EFESIOS 2:19

Como aquel niño era hijo de misioneros tenía una posición singular. Su madre era norteamericana, por lo tanto, él había obtenido esa nacionalidad. Su padre era colombiano, así que también le habían otorgado la ciudadanía colombiana. Y por haber nacido en Ecuador le dieron un tercer pasaporte. Sin embargo la Biblia dice que no es importante cuántos pasaportes tengamos en la tierra, lo verdaderamente importante es que somos ciudadanos del reino de Dios. Como hijos de Dios, ¡tenemos un pasaporte celestial! Ese pasaporte supera a todos los demás. ¡Aleluya!

S.M.H.

EN NUESTRA ORACIÓN DIARIA:

- Agradezcamos a Dios por nuestro país de nacimiento y por la ciudadanía que tenemos en esta tierra.
- Alegrémonos porque también tenemos un pasaporte celestial.
- Pidámosle a Dios que nos muestre cómo ser mejores ciudadanos de cada uno de nuestros países.

SÍGANME

Jesús dijo: «Mis ovejas oyen mi voz; yo las conozco y ellas me siguen».

JUAN 10:27

La mamá pata y sus patitos intentaban cruzar una carretera muy transitada. Los automóviles se detuvieron para permitirles el paso, pero a la mitad del cruce, el último patito se detuvo y se negó a continuar. La mamá pata empujó a los demás patitos hasta ponerlos a salvo y regresó al camino; a través de graznidos le ordenaba al pequeño que la siguiera. Cuando llegó junto al patito, lo empujó con su pico y emitió más graznidos. Esta vez el patito respondió. Aceptó el mensaje de la mamá pata —Sígueme— y por fin se halló a salvo entre la hierba que crecía a la vera del camino.

S.M.H.

EN NUESTRA ORACIÓN DIARIA:

- Pidamos por nuestros familiares que necesitan responder al llamado de seguir a Cristo.
- Oremos para que Dios siga llamando a nuestros seres queridos hasta que por fin encuentren la seguridad de la salvación.
- Pidamos a Dios que nos muestre cómo afirmar su amor por ellos.

EL MINISTERIO DE LA MÚSICA

Adoren al SEÑOR con regocijo. Preséntense ante él con cánticos de júbilo.

SALMO 100:2

Con una voz entrecortada de soprano, la anciana acompañaba la cinta grabada, sonriendo y recordando el culto registrado en la grabación: «Recuerdo que mi esposo acababa de perder el empleo», dijo mientras escuchaba. «Estaba asustada y confundida, hasta que el pastor Grant, nuestro director de coro, pidió que cantáramos "Hay gozo en el Señor". Esa canción disipó los nubarrones de temor. Cuando le conté al pastor Grant cuánto había significado esa canción para mí, me dijo: "Dios me inspiró a cantar ese himno hoy. *Sabía* que alguien necesitaba escucharlo". ¡Y vaya si tenía razón!»

S.M.H.

EN NUESTRA ORACIÓN DIARIA:

- Agradezcamos a Dios por los ministros de música que hay en nuestra congregación.
- Encomendemos a Dios las decisiones acerca de qué música se cantará y se escuchará en nuestra iglesia.
- Pidámosle a Dios creatividad, salud e inspiración para el director de alabanza.

NUESTRO PRESIDENTE

Obedezcan a sus dirigentes y sométanse a ellos, pues cuidan de ustedes como quienes tienen que rendir cuentas. Obedézcanlos a fin de que ellos cumplan su tarea con alegría y sin quejarse, pues el quejarse no les trae ningún provecho.

HEBREOS 13:17

Padre nuestro, en esta hora crítica en los asuntos internacionales, pedimos tu ayuda. Que los líderes encuentren tu sabiduría y poder. Que la responsabilidad pese sobre sus corazones hasta que puedan reconocer su impotencia y se vuelvan a ti. Dales honradez, coraje e integridad moral para confesar que no saben qué hacer. Solo entonces, dejando de lado la sabiduría humana, podrán guiar a la nación hacia ti, porque tú eres el único que tiene la respuesta.

PETER MARSHALL, EX CAPELLÁN
DEL SENADO NORTEAMERICANO

EN NUESTRA ORACIÓN DIARIA:

- Recordemos al presidente. Pidámosle a Dios por su seguridad, la elección de sus consejeros y su escala de valores.
- Pidámosle a Dios que le dé coraje y fuerza para abogar por el bien.
- Intercedamos ante Dios pidiendo sabiduría para las decisiones que el presidente deba tomar el día de hoy.

EN SUS TIEMPOS

Espero visitarlos y hablar personalmente con ustedes para que nuestra alegría sea completa.

2 JUAN 12

El pastor John trabaja en un programa de evangelización en los seis estados del sur de la India. Su itinerario ininterrumpido incluyó últimamente una escala de tres días en Mysore. En un e-mail él relató que allí veintitrés personas habían aceptado a Jesús como su Salvador. También que en un campamento de jóvenes de fin de semana diez personas habían venido al Señor. Y que durante una campaña de una semana él les había transmitido el mensaje del evangelio a ciento veinticinco familias.

El correo electrónico enviado por este pastor incluía una súplica muy sentida a su destinatario: «Quiera el Señor, en sus tiempos, abrir las puertas para que vengas a la India y podamos ministrar juntos».

EN NUESTRA ORACIÓN DIARIA:

- «Vayamos» a la India en nuestras oraciones, recordando a los equipos de evangelización y a las personas con las que se encontrarán.
- Oremos por la India intercediendo ante Dios por su provisión y por la protección sobre aquellos equipos que a veces viajan toda la noche en autobuses abarrotados para alcanzar su siguiente destino.

UNA GRACIA QUE NOS ATRAE

«Me di a conocer a los que no preguntaban por mí; dejé que me hallaran los que no me buscaban. A una nación que no invocaba mi nombre, le dije: "¡Aquí estoy!"»

ISAÍAS 65:1

Si dependiera de nosotros, no nos hubiéramos interesado por Dios. Pero Dios vino a nosotros a pesar de nuestro desinterés. En la relación que tenemos con él, fue él quien tomó la iniciativa. Él se acerca a nosotros a pesar de que no reconozcamos la necesidad que tenemos de su presencia. Nuestros corazones pueden responderle porque el Señor viene y nos busca. Dios nos facilita el acceso a su gracia: una gracia que nos atrae hacia él.

S.M.H.

EN NUESTRA ORACIÓN DIARIA:

- Agradezcamos a Dios porque nos atrae hacia él.
- Pidámosle que desarrolle en nosotros una perspectiva de la eternidad y que refresque en nuestra memoria lo permanente que es su presencia en nosotros.
- Oremos para que su gracia nos lleve a una mayor consagración.

SELLO DE PUREZA

Cuando oyeron el mensaje de la verdad, el evangelio que les trajo la salvación, y lo creyeron, fueron marcados con el sello que es el Espíritu Santo prometido.

EFESIOS 1:13

En la década de los ochenta, el empleado de una farmacia, disgustado por alguna razón, se las ingenió para inyectar productos químicos en recipientes de medicamentos que, supuestamente, estaban sellados herméticamente. Las personas que consumieron esos medicamentos contaminados fueron a parar a las salas de emergencia de los hospitales. A partir de entonces, las compañías farmacéuticas comenzaron a usar tres sellos herméticos en los frascos para garantizar la pureza de sus medicamentos.

De la misma manera, cuando vivimos apartados de Dios, nuestros corazones se contaminan con el pecado. Pero cuando aceptamos a Cristo, el Espíritu Santo nos sella para garantizar la pureza y santidad de nuestro corazón hasta que lleguemos al reino de Dios en los cielos.

S.M.H.

EN NUESTRA ORACIÓN DIARIA:

- Agradezcamos a Dios porque nos ha sellado y nos protege con su Espíritu.
- Pidámosle que preserve nuestro espíritu para que las tentaciones del pecado no nos contaminen.
- Pidamos la ayuda de Dios para reconocer y disfrutar libremente las riquezas provistas por medio de Cristo.

LA SIEMBRA Y LA COSECHA

Recuerden esto: El que siembra escasamente, escasamente
cosechará, y el que siembra en abundancia, en
abundancia cosechará.

2 CORINTIOS 9:6

La Biblia nos promete una profunda paz a los que seguimos los caminos de Dios, y dice que guardará nuestros corazones y mentes, y nos llevará a confiar en la presencia de Dios (Filipenses 4:7-8). Esta hermosa promesa es válida también para la relación con nuestros amigos y familiares. Si andamos en los caminos de Dios, esforzándonos por lograr la unidad, el amor y la paz, estableceremos relaciones que nos alentarán y nos llenarán de gozo. Si sembramos lo bueno, cosecharemos relaciones llenas de paz.

S.M.H.

EN NUESTRA ORACIÓN DIARIA:

- Analicemos nuestro interior para descubrir cómo influimos sobre nuestros amigos. ¿Somos una buena influencia?
- Pidamos la ayuda de Dios para que nuestras relaciones con otros también se establezcan según sus caminos.
- Pidamos a Dios que nos ayude a vivir en paz con quienes nos han causado problemas en el pasado.

«IR» Y «HACER»

Porque somos hechura de Dios, creados en Cristo Jesús para buenas obras, las cuales Dios dispuso de antemano a fin de que las pongamos en práctica.

EFESIOS 2:10

Teddy vio a su padre subirse a la camioneta de su vecino y dirigirse al pueblo. La familia Smith estaba de mudanza y Frank, su papá, iba a ayudarlos. Su madre, Rose, decía que él era un buen diácono, porque siempre estaba dispuesto a «ir» y «hacer» algo para Dios. Frank distribuía canastas de comida a la gente del pueblo y llevaba a Marie a su cita médica. Hacía el mantenimiento mecánico de la camioneta de la iglesia, y luego del culto dominical levantaba los boletines de la iglesia que quedaban en los asientos. Mientras la camioneta se alejaba, Teddy sonreía. «Cuando crezca» susurró, «quiero ser un diácono como mi papá».

S.M.H.

EN NUESTRA ORACIÓN DIARIA:

- Agradezcamos a Dios por los diáconos de nuestra iglesia. Recordémoslos por su nombre.
- Pidámosle a Dios que les dé sabiduría y dirección en el cumplimiento de sus obligaciones.

AUTORIDADES ESTABLECIDAS POR DIOS

Pues no hay autoridad que Dios no haya dispuesto, así que las que existen fueron establecidas por él.

ROMANOS 13:1

Los acontecimientos previos a la elección presidencial del 2000 pronto se registrarán en los libros de historia norteamericanos. Los estudiantes de las generaciones futuras deberán estudiar como fueron los mecanismos electorales: como se utilizaron las «papeletas de voto», como se llevaron a cabo los «recuentos», como fueron las maniobras políticas y los debates legales que rodearon la elección y legitimación del cuadragésimo tercer presidente de los Estados Unidos. Sin embargo, las palabras de Mae Harwood, una señora de 93 años que reside en el centro de Nueva Jersey, también deberían aparecer en esos libros de historia. En una encuesta a boca de urna, Mae dijo: «Yo siempre voto. A veces gana mi candidato; otras veces, gana la otra persona. Pero las elecciones resultan bien, porque al ganador siempre lo elige Dios».

S.M.H.

EN NUESTRA ORACIÓN DIARIA:

- Pidamos a Dios que haya ciudadanos honrados interesados en actuar como delegados electorales.
- Agradezcamos a Dios por la libertad que tenemos en nuestro país, el voto, la libertad de expresión y la posibilidad de ir en pos de la vida, la libertad y la felicidad.

¿UN GRAN PASO ADELANTE?

*En él [Dios] tenemos puesta nuestra esperanza, y él
seguirá librándonos. Mientras tanto, ustedes nos ayudan
orando por nosotros.*

2 CORINTIOS 1:10-11

A fines de la década del cincuenta, el presidente Mao TseTung declaró el «gran paso adelante», para el pueblo de China, al tiempo que purgaba a su país de cualquier cosa que tuviera que ver con la religión. Millones de ciudadanos chinos fueron torturados y murieron. Hoy China es el país del mundo con más cristianos en prisión o en proceso judicial. Sin embargo, la iglesia clandestina continúa creciendo. Allí, el movimiento de las iglesias en los hogares se basa en el compromiso de predicar el evangelio a cualquier costo.

EN NUESTRA ORACIÓN DIARIA:

- Intercedamos para que haya una fidelidad continuada de parte de los pastores y creyentes chinos.
- Oremos para que los periodistas y comerciantes tengan más acceso a los pueblos en el interior de China, para documentar así las atrocidades que allí se cometen contra la religión.
- Oremos por fuerza y aliento para las familias de los pastores presos.

DIOS ME COMPRENDE

El Señor conoce los pensamientos humanos,
y sabe que son absurdos.

SALMO 94:11

¿Quién no ha escuchado a un adolescente gritar: ¡No me entiendes!? Todos queremos ser entendidos. Queremos que los demás comprendan nuestro punto de vista, nuestras motivaciones, nuestros deseos y nuestras necesidades. Creemos que, quizás así, los otros llegarán a apreciarnos más.

Con Dios no tenemos ese problema. El Salmo 139 nos asegura de que Dios nos comprende. Él nos creó. Sabe cómo pensamos. No somos un misterio para el Señor, sino que él conoce bien cómo procedemos. Dios nos comprende. No importa cuál sea la situación, no importa el por qué. Él simplemente lo hace. Es así de sencillo.

S.M.H.

EN NUESTRA ORACIÓN DIARIA:

- Agradezcamos a Dios por la forma maravillosa en la que nos creó.
- Alabemos a Dios porque él sabe todo sobre nosotros y sobre lo que nos interesa.
- Descarguemos sobre él las aflicciones que tuvimos esta semana, sabiendo que él entiende nuestro estrés, nuestras preocupaciones, y tiene cuidado de nuestras necesidades.

PRACTICA, LA ORACIÓN

*Por aquel tiempo se fue Jesús a la montaña a orar, y pasó
toda la noche en oración a Dios.*

LUCAS 6:12

Yo escribo mis oraciones todos los días. Si no lo hemos
hecho antes, podemos comenzar intentándolo una vez
por semana. Y luego, si vemos que nos es de utilidad, tratemos de escribir nuestras oraciones más seguido. Si descubrimos que esto limita nuestras posibilidades, busquemos alguna
otra manera que nos resulte más efectiva. Podemos ayudarnos
con cualquier disciplina, pero lo importante es poner en práctica la manera de orar de Jesús. Oremos regularmente, en pri-
vado, con oraciones sinceras y concretas. Para que el milagro
de la oración comience a obrar en nuestras vidas, es necesario
hacer solo una cosa: orar.

BILL HYBELS.

EN NUESTRA ORACIÓN DIARIA:

- Recordemos que Dios anhela tener noticias sobre nosotros y nos invita a orar; aceptemos su invitación.
- Recordemos que Dios se interesa por nosotros y por nuestras necesidades; contémosle qué cargas nos agobian.
- Pidámosle que nos muestre cómo vivir, minuto a minuto, en su presencia.

DULCES RECUERDOS

Pero algo más me viene a la memoria, lo cual me llena de esperanza: El gran amor del SEÑOR nunca se acaba, y su compasión jamás se agota. Cada mañana se renuevan sus bondades; ¡muy grande es su fidelidad!

LAMENTACIONES 3:21-23

Hay gente que escribe un diario para registrar los acontecimientos que van teniendo lugar cada día. Una vez completo, es muy frecuente dejarlo olvidado en el fondo de un cajón. Pero cuando el escritor lo abre y comienza a releerlo, las anotaciones pueden traer recuerdos de la pasada fidelidad de Dios.

Cuando nuestros amigos enfrentan tiempos difíciles podemos ser como «las anotaciones de ese viejo diario». Podemos recordarles aquellas situaciones en las que Dios proveyó para sus necesidades o los protegió del mal. Al traer a la memoria, con ternura, las bendiciones de Dios, añadiremos otra bendición a sus vidas: una bendición de esperanza.

S.M.H.

EN NUESTRA ORACIÓN DIARIA:

- Pensemos en nuestros amigos y en las bendiciones que Dios ha derramado sobre ellos.
- Oremos para que Dios nos dé una oportunidad de recordarles dulcemente las bendiciones que han recibido de parte de Dios en el pasado.

DOBLE HONOR

Los ancianos que dirigen bien los asuntos de la iglesia son dignos de doble honor.

1 TIMOTEO 5:17

Ellos asisten a reuniones mensuales y preparan el presupuesto de la congregación. Oran con el pastor antes de los cultos de adoración. Recogen la ofrenda y colaboran en las comisiones. Oran con los convalecientes y enseñan en las clases de educación cristiana. Incluso llegan a dedicar más tiempo a sus responsabilidades en la iglesia que a sus propios intereses y pasatiempos. Nos referimos a los ancianos de nuestra iglesia local. Pablo le dijo a Timoteo que ellos eran dignos de doble honor.

S.M.H.

EN NUESTRA ORACIÓN DIARIA:

- Presentemos a los ancianos de nuestra iglesia ante el trono de Dios. Mencionémoslos por sus nombres.
- Recordemos cómo nos ministraron en el nombre de Dios y cómo cumplieron con sus responsabilidades. Agradezcamos a Dios por la fidelidad de estas personas.
- Pidámosle a Dios que nos muestre cómo rendir «doble honor» a nuestros ancianos, con palabras, acciones y actitudes.

JUSTICIA SUPREMA

Cuando se hace justicia, se alegra el justo...
PROVERBIOS 21:15

En los Estados Unidos, la elección presidencial del 2000 tuvo un valor agregado por el solo hecho de permitir que el mundo tuviera un entendimiento más amplio del proceso electoral. Además los ciudadanos norteamericanos tuvieron la oportunidad de conocer a los jueces del Tribunal Supremo de su país.

Hasta el momento de las elecciones presidenciales, la mayoría obtenida no era suficiente más que para nombrar a dos o tres de los altos magistrados de la corte. Pero mientras el Colegio Electoral se encontraba reunido en diciembre, esa estadística cambió. Es una pena que fuera necesaria una crisis para que los oficiales de justicia encabezaran nuestras listas de oración.

S.M.H.

EN NUESTRA ORACIÓN DIARIA:

- Elevemos una oración por los jueces del Tribunal Supremo: quiera Dios que tengan salud, sabiduría y consejo.
- Oremos para que Dios les dé discernimiento, ecuanimidad, y guía espiritual.
- Pidámosle a Dios que les conceda imparcialidad, integridad y responsabilidad.

UNA NACIÓN EN UN ARCHIPIÉLAGO

El Señor sabe librar de la prueba
a los que viven como Dios quiere

2 PEDRO 2:9

Indonesia es un país conformado por trece mil quinientas islas. En esta nación establecida sobre un archipiélago se hablan más de seiscientas lenguas. Allí hay lugares que son de tan difícil acceso, que algunos de los isleños que viven en esas zonas nunca han escuchado la palabra de Dios.

Los comunistas intentaron tomar Indonesia en 1965, pero fueron derrotados por un gran contingente musulmán. Hoy hay una libertad limitada para hindúes, budistas, y cristianos, pero el presidente musulmán ha destruido muchas iglesias cristianas y ha restringido severamente los programas de evangelización.

EN NUESTRA ORACIÓN DIARIA:

- Pidámosle a Dios que ayude a los creyentes de Indonesia a compartir el amor de Cristo con las personas de otras religiones.
- Pidámosle a Dios que provea evangelistas que lleven el mensaje divino de la salvación a todos los habitantes de las islas de esa nación.
- Oremos para que el gobierno musulmán busque formas pacíficas de resolver los conflictos religiosos.

TODAVÍA EN ESTA EMPRESA

He aquí el que forma las montañas, el que crea el viento ... su nombre es el SEÑOR Dios Todopoderoso.

AMÓS 4:13

Es frecuente oír en los noticieros reportes sobre terremotos, huracanes y tornados. Los periodistas atribuyen estos cambios climáticos al enfriamiento y calentamiento gradual de los océanos. Si bien estos datos son ciertos, los periodistas pasan por alto lo que un simple pastor de Tecoa reconoció hace siglos. Amós conocía al que forma las montañas y afecta al clima: «su nombre es el Señor Dios Todopoderoso».

Dios aún está en esa gran empresa que fue la creación. El Dios Todopoderoso que se encarga de las montañas, mueve los vientos, y mantiene los planetas en sus órbitas, todavía está en el oficio de entablar relaciones con nosotros. Nuestras preocupaciones son tan importantes para él como los eventos estremecedores que aparecen en los noticieros vespertinos.

S.M.H.

EN NUESTRA ORACIÓN DIARIA:

- Agradezcamos a Dios porque tiene el dominio de la creación.
- Alabémosle por la relación que tiene con nosotros.
- Reclamemos la promesa de que él nos revelará sus pensamientos.

LAS MANOS EXTENDIDAS

*La sangre de su Hijo Jesucristo
nos limpia de todo pecado.*

1 JUAN 1:7

En Lucas 24:50 leemos que lo último que vieron los discípulos antes de que Jesús ascendiera al cielo fueron sus manos extendidas hacia ellos, en señal de bendición. Sus manos aún llevaban las visibles cicatrices de los clavos. En esas manos los discípulos podían ver tanto el dolor como la bendición: el dolor de la cruz y la bendición del perdón y la santificación. Las manos de Jesús, extendidas en señal de bendición, son la confirmación de su gran sacrificio por todos. Gracias a sus manos extendidas en la cruz, todos los seguidores de Cristo —los del pasado, presente y futuro— pueden alzar sus manos con el gozo eterno de la salvación. ¡Aleluya!

S.M.H.

EN NUESTRA ORACIÓN DIARIA:

- Alabemos a Dios por el sacrificio de su Hijo.
- Reconozcamos el regalo de su perdón, y de habernos santificado y purificado para su servicio.
- Comprometámonos de corazón a compartir hoy el gozo de la salvación con otra persona.

EL TOQUE DIVINO

…y quienes lo tocaban quedaban sanos.

Marcos 6:56

En medio de la noche, Leila se despertó con la necesidad urgente de orar por su amiga Eleanor. Leila reaccionó inmediatamente y oró para que la sanidad de Dios tocara a su amiga en el campo misionero. Meses después Leila se enteró de que a esa misma hora, Eleanor, que vivía en condiciones primitivas, estaba luchando pues habían surgido complicaciones al momento de dar a luz. Dios oyó la oración de Leila por su amiga y le respondió dándole a Eleanor una bebé sana.

S.M.H.

EN NUESTRA ORACIÓN DIARIA:

- Pidámosle a Dios que bendiga a nuestros amigos y familiares con su mano sanadora.
- Pidamos fuerza y resistencia para resfríos, gripes y enfermedades menores, y también pidamos sanidad para los problemas médicos graves.
- Agradezcamos a Dios por poner este motivo de oración en nuestro corazón. Recordemos orar como y cuando él nos guíe.

EL SR. B.

Se dice, y es verdad, que si alguno desea ser obispo, a noble función aspira.

1 TIMOTEO 3:1

Durante décadas el Sr. B. había integrado la comisión de finanzas de la iglesia. Nunca faltaba a una reunión; siempre tenía una opinión con respecto al presupuesto, y hasta discrepaba con el pastor acerca de cuántos proyectos la iglesia podía o debía emprender.

Pero nadie dudaba del amor del Sr. B. por Dios. Cuando oraba, todos inclinaban sus cabezas: «Señor de la vida, danos pensamientos más elevados que los nuestros, y más fuerzas de las que tenemos, para poder andar en tus sendas de amor y bondad, en los caminos de nuestro Señor y Salvador Jesucristo».

S.M.H.

EN NUESTRA ORACIÓN DIARIA:

- Oremos pidiendo sabiduría para los que tienen la responsabilidad financiera de nuestra iglesia.
- Pidamos la dirección y el consejo de Dios para las reuniones de la comisión de presupuesto de nuestra iglesia.
- Oremos para que Dios ponga en nuestra iglesia líderes que amen profundamente al Señor.

AMOR POR LOS NIÑOS

Los hijos son una herencia del SEÑOR, los frutos del vientre son una recompensa.

SALMO 127:3

Los niños son preciosos para Dios. Ellos nos recuerdan nuestra propia inocencia y nos dan esperanza para el futuro de nuestro país y del mundo. Sin embargo, ¿oramos frecuentemente por las personas que influyen en la vida de nuestros niños? Los miembros de las juntas directivas de las escuelas públicas y privadas ejercen una influencia directa sobre la vida de los niños cuando toman decisiones importantes que afectan sus vidas académicas. Puede que nuestros niños no tengan contacto directo con ellos, pero sí lo tendrán con las políticas que esos miembros determinen, y esas medidas influirán sobre sus vidas.

MIKE WILSON

EN NUESTRA ORACIÓN DIARIA:

- Pidámosle a Dios que envíe personas fieles para ser miembros de la junta escolar de nuestro distrito.
- Oremos para que Dios les dé discernimiento sobre los alcances de sus decisiones políticas.
- Pidamos a Dios que detenga cualquier política educativa contraria a los principios divinos.

EL MUNDO DE SOLZHENITSYN

El Señor no ha dejado de ayudarnos.

1 Samuel 7:12

A través de sus numerosas obras, Aleksandr Solzhen-itsyn ofreció a Occidente una mirada interna de la Siberia que estaba bajo la dominación soviética. El clima severo y las extremas condiciones de vida no han cambiado, pero a pesar de ello Siberia está experimentando, por primera vez, el fuego del evangelio. Hay veinte grupos étnicos diferentes distribuidos en los bosques, las montañas y la tundra siberiana. La mayoría de ellos adoran a espíritus animistas o a hechiceros. Sin embargo los misioneros eslavos y estonios han establecido unas cuantas congregaciones evangélicas entre los Yakut y los Evenki. Y también han comenzado a traducir el Nuevo Testamento a nueve de las lenguas siberianas más importantes.

EN NUESTRA ORACIÓN DIARIA:

- Pidamos a Dios que envíe misioneros pioneros y resistentes a los aislados pueblos de Siberia
- Oremos para que la traducción del Nuevo Testamento sea rápida y sin contratiempos.
- Intercedamos para que los siberianos se abran al conocimiento de Cristo, empezando por los hechiceros animistas.

ESTRELLAS Y ANGUSTIAS

Restaura a los abatidos ...
Él determina el número de las estrellas.

SALMOS 147:3-4

No hay nada que haga que el hombre se sienta tan pequeño e impotente como ver la miríada de astros creados por Dios. Nada, quizás, excepto las angustias de la vida. Nos quedamos mudos ante ellas, totalmente incapaces de evitarlas o aliviarlas. Tienen tanto poder como las estrellas para mostrarnos nuestras limitaciones. Hay millones de estrellas ocultas a nuestros ojos que no podríamos ver ni siquiera con la ayuda del más poderoso de los telescopios ¡Lo mismo ocurre con nuestras angustias! Sus causas muchas veces están ocultas. No las podemos determinar. Necesitamos que el Dios que hizo las estrellas sane nuestras penas.

J. STUART HOLDEN

EN NUESTRA ORACIÓN DIARIA:

- En medio de nuestras angustias, confiemos en el poder de la gracia de Dios.
- Recordemos su poder sin límite para consolar y dar seguridad perdurable.
- Meditemos en aquellas ocasiones del pasado en las que Dios nos ayudó a superar la angustia.

NUNCA NOS ABANDONARÁ

*Como él ha dicho: «Viviré con ellos y
caminaré entre ellos».*

2 Corintios 6:16

Cuando abundan las bendiciones es fácil entender la verdad que encierra este versículo. ¿Pero qué pasa cuando nos enfrentamos con la muerte y la enfermedad, cuando perdemos el empleo o a nuestro cónyuge, o cuando sufrimos afrentas de palabra o de hecho? En estas ocasiones nuestra fe es probada para que el conocimiento de Dios y de su obra se hagan más sólidos en nuestras vidas. Sin embargo, no debemos preocuparnos por lo que nos depare el mañana. Dios nunca nos abandona. Siempre está a nuestro lado. Solo tenemos que tomarnos de su mano y caminar en fe.

S.M.H.

EN NUESTRA ORACIÓN DIARIA:

- Recordemos que Dios se especializa en lo imposible. Presentemos ante su trono los desafíos que tenemos por delante.
- Prestemos atención al modo en que actuamos cuando estamos en medio de problemas. Observémonos atentamente. Encontremos allí también a Dios. Regocijémonos en su presencia.
- Expresemos con palabras nuestra confianza en él y aceptemos su paz. Pidámosle que nos guíe a través de ese trance oscuro.

UN EJEMPLO A SEGUIR

Que los creyentes vean en ti un ejemplo a seguir
en la manera de hablar, en la conducta,
y en amor, fe y pureza.

1 TIMOTEO 4:12

Cuando un jugador atraviesa por un momento difícil en su equipo, por lo general, los demás juga-dores se acercan y lo alientan para que no flaquee y siga intentando desempeñarse mejor. También los miembros del equipo entrenan con empeño porque saben que un buen ejemplo puede animar a un compañero desalentado a mejorar su rendimiento.

Nuestros amigos necesitan vernos como modelos. Seguir la guía de Dios no siempre es fácil. Pero nuestro ejemplo puede ser lo que nuestros amigos necesiten para mantenerse firmes en su compromiso de seguir al Señor.

S.M.H.

EN NUESTRA ORACIÓN DIARIA:

- Agradezcamos a Dios por nuestros amigos y por el privilegio que es ser ejemplo para ellos.
- Pidamos la ayuda de Dios para encontrar maneras de alentar a nuestros amigos en su caminar cristiano.
- Alabemos a Dios por el poder que opera en nuestras vidas y en la de nuestros amigos.

LIMPIAR CON GOZO

Ahora bien, el cuerpo no consta de un solo miembro sino de muchos. ... En realidad, Dios colocó cada miembro del cuerpo como mejor le pareció.

1 Corintios 12:14,18

El abuelo de Sara era el que se ocupaba del mantenimiento y la limpieza del edificio de la iglesia. Durante la época de Navidad necesitaba ayuda adicional para poder conservarlo limpio. Por lo tanto se le encomendó a Sara la tarea de lavar las marcas de manos y zapatos de los bancos blancos. Después de un culto nocturno, Sara estaba limpiando a disgusto la larga hilera de asientos, cuando el abuelo le susurró: «Cada vez que barro o vacío la papelera, agradezco a Dios por mi trabajo. ¿No deberías tú hacer lo mismo?» Sara agachó la cabeza, pero las palabras del abuelo habían dado en el clavo. Para cuando Sara terminó de limpiar la fila, había descubierto que podía agradecer a Dios... ¡aun por el trabajo de limpiar bancos!

S.M.H.

EN NUESTRA ORACIÓN DIARIA:

- Agradezcamos a Dios por las personas que se encargan del mantenimiento y la limpieza de nuestro templo.
- Oremos por la seguridad de ellos al usar equipos eléctricos, escaleras, y maquinaria de jardín.
- Pidamos a Dios que nos muestre la forma de manifestarles nuestro aprecio por el trabajo de mantener el templo en orden.

EL IDEAL DE LOS HOMBRES

Entonces el SEÑOR hizo surgir caudillos que libraron [al pueblo de Israel] del poder de esos invasores.

JUECES 2:16

Al ejercer sus funciones, los jueces de distrito sientan jurisprudencia que puede influir durante muchos años sobre las futuras interpretaciones de la ley. Cierta vez un ex líder judicial oró así: «Dios, que a los mansos guías en el juicio, y a los fieles iluminas en las tinieblas; concédenos, en todas nuestras dudas e incertidumbres, la gracia de preguntarte qué quieres que hagamos, para que el espíritu de sabiduría nos libre de decisiones erróneas y que en tu luz podamos ver la luz, y en tu camino recto no tropecemos».

WILLIAM BRIGHT

EN NUESTRA ORACIÓN DIARIA

- Recordemos en nuestras oraciones a quienes ocupan los cargos judiciales en nuestra jurisdicción. Averi-güemos sus nombres y oremos específicamente por cada uno de ellos.
- Oremos por los casos que los jueces habrán de presidir. Pidamos que Dios les dé justicia, integridad y discernimiento.
- Pidamos a Dios que conceda a cada juez un claro entendimiento de la ley y respeto por los principios de Dios.

REGLAS Y REGLAMENTOS

*Cristo nos rescató de la maldición de la ley al hacerse
maldición por nosotros.*

GÁLATAS 3:13

Los pueblos Wodaabe y Tuareg, en Nigeria, viven ate-
morizados por tabúes y maldiciones populares. Bajo
maldición de muerte, las mujeres wodaabe tienen prohibido
hablar, tocar y hasta mencionar el nombre de sus primeros y
segundos hijos varones. Por la misma razón los hombres
wodaabe en sus conversaciones nunca hacen alusión a sus
esposas.

Las familias tuareg creen que las miradas o palabras llenas
de celos pueden causar abortos. Para protegerse de los espíritus de la noche y de las maldiciones, los hombres tuareg siempre se cubren el rostro con velos. Estos pueblos viven
inmovilizados por interminables reglas y regulaciones. Ambas
tribus necesitan encontrar la verdadera libertad en Cristo.

EN NUESTRA ORACIÓN DIARIA:

- Pidámosle a Dios que rescate a los wodaabe y tuareg de
  la maldición de sus propios tabúes.
- Oremos para que estos pueblos quieran tener la verdadera libertad en Jesucristo.
- Pidámosle a Dios que envíe cristianos de los países vecinos para dar testimonio de la libertad de Cristo en sus
  vidas.

EL PRIMER NARRADOR DE HISTORIAS

Mis labios pronunciarán parábolas y evocarán misterios de antaño… No las esconderemos de sus descendientes; hablaremos a la generación venidera del poder del SEÑOR, de sus proezas, y de las maravillas que ha realizado.

SALMO 78:2,4

¿Recuerdas los cuentos que te encantaba oír en la niñez? La historia de Mamá Gansa, las fábulas de Esopo, las aventuras de los colonos, las historias de ciencia ficción. A pesar de que esos personajes no estaban realmente a tu lado, podías recrear la historia en tu mente, visualizando cada detalle.

El primer narrador de historias inspiró a los antiguos profetas para que enseñaran a su gente a través de historias de ovejas robadas, plomadas, y calderos humeantes. El ministerio de Jesús en la tierra estuvo lleno de parábolas acerca de hijos, monedas, semillas y gorriones. Si bien estas historias confundieron a algunos, los que las escucharon con la fe de un niño pudieron revivir esas historias una y otra vez, y recordar el claro mensaje del amor de Dios.

S.M.H.

EN NUESTRA ORACIÓN DIARIA:

- Agradezcamos a Dios por las parábolas que nos han dado un mejor entendimiento de Dios.
- Pidámosle ayuda para interpretar las otras historias registradas en las Escrituras.
- Oremos para tener la oportunidad de relatar a otros las historias acerca de Dios.

ELEGIDOS POR DIOS

*Dios nos escogió en él antes de
la creación del mundo.*

EFESIOS 1:4

Un periodista que escribía un artículo sobre los resultados de una elección tuvo que encajar su historia en una angosta columna de la primera página. No obstante, la omisión de los signos de puntuación, cambió el sentido del encabezado, transformando la aseveración política «Finalmente fue elegido, ¡por Dios»! en una declaración teológica «Finalmente fue elegido por Dios». Tal vez el periodista no haya quedado contento con el encabezado de su nota, pero a nosotros, los cristianos, nos complace haber sido elegidos por Dios para ser parte de su familia. Y quien sabe, ¡tal vez el oficial electo también lo fuera!

S.M.H.

EN NUESTRA ORACIÓN DIARIA:

- Alegrémonos porque Dios nos ha elegido para ser sus hijos.
- Alabémosle por el don de su gracia y la misericordia del perdón.
- Agradezcámosle el sacrificio de su Hijo y la promesa de vida eterna.

OREMOS SEGÚN LA BIBLIA

Así es, también la palabra que sale de mi boca: No volverá a mí vacía, sino que hará lo que yo deseo y cumplirá con mis propósitos.

ISAÍAS 55:11

Orar usando intencionalmente las palabras de las Escrituras es como usar la guía de un mapa para atravesar un territorio nuevo. De pronto podemos detectar varios destinos interesantes. Podemos orar confiada y específicamente: «Ayuda a Neil a entender que basta que él te reconozca como Señor para que tú le muestres cómo resolver este problema» (Proverbios 3:6). Cuando oramos usando la Biblia, le hablamos a Dios con sus palabras y con su verdad.

DAVID KOPP

EN NUESTRA ORACIÓN DIARIA:

- Oremos por nuestros seres queridos usando las palabras de la Biblia. No nos quedemos en el «bendícelos», sino que pidamos a Dios que «contienda» a su favor en cualquier circunstancia ; y que su poder actúe en sus vidas (Isaías 49:25-26).
- Pidamos a Dios que mande a sus ángeles para que guarden a nuestra familia y a nuestros amigos (Salmos 91:11).
- Agradezcamos a Dios porque prometió ser nuestro caudillo (Isaías 43:5-7).

MILAGROS A CADA HORA

Les pedimos que sean considerados con los que trabajan
arduamente entre ustedes, y los guían y amonestan en el
Señor. Ténganlos en alta estima, y ámenlos por el trabajo
que hacen. Vivan en paz unos con otros.

1 Tesalonicenses 5:12-13

En cierta ocasión alguien le dijo a la secretaria de una iglesia: «Querida, ¡tú sí que la tienes fácil! ¡Lo único que haces es escribir a máquina!» Qué imprudente fue ese comentario. Probablemente el secretario de nuestra iglesia sea quien registre las ofrendas semanales, lleve la planilla de todos los nacimientos, muertes, casamientos, y cambios en la membresía; se encargue de la correspondencia del pastor; imprima las cartas circulares y boletines de la iglesia; decore las carteleras; mantenga a los niños pequeños entretenidos mientras sus padres están ocupados; prepare el café; atienda los teléfonos; escuche las quejas de la congregación; envíe y reciba la correspondencia; cuide del buen funcionamiento del equipo de oficina y haga los pedidos de insumos para la iglesia. En definitiva, ¡el secretario de nuestra iglesia tiene que hacer milagros cada hora para completar su tarea!

S.M.H.

EN NUESTRA ORACIÓN DIARIA:

- Agradezcamos a Dios por los secretarios competentes y cordiales que se encargan del buen funcionamiento de la iglesia.
- Oremos para que Dios le dé al secretario de la iglesia una bendición extra en este día.

DAR TODO DE SÍ

Resultó que había trescientos mil hombres aptos
para ir a la guerra y capaces de manejar
la lanza y el escudo.

2 CRÓNICAS 25.5

Las campañas de reclutamiento del ejército promueven los beneficios de incorporarse a las fuerzas armadas; pero quienes estuvieron en el servicio activo saben de las privaciones que conlleva hacer el servicio militar. Los veteranos de guerra hicieron muchos sacrificios que preservaron las libertades que hoy damos por sentadas. Los hombres y las mujeres en servicio activo están alerta y listos para salir en nuestra defensa si se produce alguna agresión. Gracias a su dedicación podemos ir y venir todos los días sin tener que preocuparnos de que los aviones que sobrevuelan nuestra cabeza lleven pasajeros y no bombas.

S.M.H.

EN NUESTRA ORACIÓN DIARIA:

- Recordemos a todos los que sirven en las fuerzas armadas de nuestro país, en los programas ROTC y en las unidades de la Guardia Nacional.
- Agradezcamos a Dios por los veteranos fieles que dieron todo de sí para garantizar nuestra libertad.
- Pidamos a Dios que nos ayude a ponernos en contacto con un hombre o mujer en servicio activo. Animémoslos con cartas, llamadas y oración.

LAS MINAS DE ORO DE UZBEKISTÁN

*Te daré los tesoros de las tinieblas,
y las riquezas guardadas en lugares secretos,
para que sepas que yo soy el SEÑOR, el Dios de Israel, que
te llama por tu nombre.*

ISAÍAS 45:3

Podría pensarse que Uzbekistán, famosa por tener la mina de oro más grande del mundo, es un país que nada en la abundancia. Sin embargo, la carencia de agua impide el desarrollo económico de este estado marxista de Asia central. El régimen totalitario entorpece la extracción de oro de los corazones uzbekos. Influenciado por una mayoría musulmana, el gobierno exige inscripción o matricula para realizar encuentros cristianos. Por rutina, se amenaza y arresta a los pastores y miembros de la iglesia.

EN NUESTRA ORACIÓN DIARIA:

- Confiemos en que Dios armonice la división cultural entre las diversas etnias que habitan en Uzbekistán para que no surjan conflictos peligrosos.
- Oremos para que haya una efectiva y fructífera evangelización en la zona rural de Uzbekistán, donde el Islam está avanzando.
- Intercedamos para que el Señor dé fuerza y valor a los creyentes de Uzbekistán, para que sigan siendo una luz para los que viven en las tinieblas.

DIOS Y EL CHILE

Y el Verbo se hizo hombre y habitó entre nosotros.

JUAN 1:14

El pequeño le dijo a su madre: «Tengo hambre. Mi maestra de Escuela Dominical hoy nos habló de Dios y del chile. Ella dijo que Jesús era Dios con carne. ¿Podemos almorzar chile hoy?»

El niño había entendido «chile», cuando su maestra intentaba comunicarle el milagro de la encarnación de Cristo. No hay otra religión que ofrezca este regalo: Dios mismo, en la forma de Jesús, dejó los cielos para transformarse en carne y sangre y vivir sobre la tierra. No con carne, sino encarnado: Dios con nosotros en carne y hueso.

S.M.H.

EN NUESTRA ORACIÓN DIARIA:

- Agradezcamos a Dios por enviar a su Hijo encarnado para vivir, amar y morir entre nosotros.
- Regocijémonos porque tenemos un Salvador que sabe lo que son las bendiciones y las privaciones de la vida.
- Oremos para tener plena conciencia de la presencia de Dios en nuestras ocupaciones diarias.

OSADÍA HASTA EL FIN

He peleado la buena batalla, he terminado la carrera, me
he mantenido en la fe.

2 TIMOTEO 4:7

En medio de los hechos y de la vida, lo más sencillo es simplemente resistir. Pero tu Palabra, Señor, nos enseña que eso no es suficiente para promover el bien en el mundo. Para ello debemos aprender a acabar lo que emprendemos, para que las cosas lleguen a su culminación y plenitud. No debemos contentarnos con planes, ambiciones y propósitos, sino con tener la firme determinación de cumplir lo que prometemos y completar la tarea. Permítenos entonces, Dios, poder resistir la tentación de amedrentarnos y danos la osadía de seguir hasta el fin.

WILLIAM E. B. DuBois

EN NUESTRA ORACIÓN DIARIA:

- Pidamos la ayuda de Dios para completar aquellas tareas que hemos postergado.
- Tomemos la determinación de mantenernos firmes y tener el valor de perseverar hasta cumplir la voluntad de Dios.
- Oremos para que Dios retire cualquier obstáculo que se interponga en nuestro camino.

REGULAR, SERIA Y PERSISTENTEMENTE

No tienen, porque no piden [a Dios].

SANTIAGO 4:2

¿Cuándo fue la última vez que oramos con diligencia, durante un periodo de tiempo, por nuestro cónyuge, nuestros padres, nuestros hijos? Una vez oí decir que si venimos ante Dios con un dedal y le pedimos a Dios que lo llene, él lo hará. Si traemos un balde, también lo llenará. Y si le traemos un barril de quinientos galones, él actuará de igual modo. ¿Estamos esperando que Dios satisfaga nuestras necesidades? ¿Se lo pedimos regular, seria y persistentemente?

BILL HYBELS

EN NUESTRA ORACIÓN DIARIA:

- Agradezcamos a Dios por la obra que está realizando en nuestra familia.
- Comprometámonos a orar a favor de nuestro cónyuge y de nuestros hijos.
- Decidamos orar diligentemente durante un determinado tiempo por alguna necesidad específica de nuestros familiares.

¿LEJOS O CERCA?

El padre de Publio estaba en cama, enfermo con fiebre y disentería. Pablo entró a verlo y, después de orar, le impuso las manos y lo sanó.

HECHOS 28:8

Ruthie sufre de miastenia grave, una enfermedad neurológica que la va debilitando y le impide asistir a las reuniones. La iglesia de Ruthie visita y presta asistencia a las madres que acaban de dar a luz o a personas que están en convalecencia después de una cirugía. Sin embargo, no es fácil encontrar gente que quiera visitar a los enfermos críticos o crónicos. Como Ruthie está confinada a permanecer en su casa, su pastor la visita tan seguido como le es posible pero, debido al escaso contacto con los demás miembros, Ruthie se siente alejada de la comunión de su iglesia.

S.M.H.

EN NUESTRA ORACIÓN DIARIA:

- Presentemos en oración los nombres de las personas convalecientes en nuestra iglesia; intercedamos para que se alivien el aburrimiento y la soledad que implican las recuperaciones y las enfermedades crónicas.
- Oremos para tener oportunidades de ministrar a los convalecientes de nuestra iglesia mediante una llamada telefónica, una nota o una visita.

RECUERDOS DE MAYBERRY

He puesto centinelas que nunca callarán,
ni de día ni de noche.

ISAÍAS 62:6

Andy Griffith y Don Knotts inmortalizaron las andanzas de un sheriff y su ayudante en un pueblo rural de Carolina del Norte. Si bien en esta serie televisiva se pintaba de rosa el trabajo de los policías, en la vida real nuestros comisarios, ayudantes y oficiales de policía viven su vida al filo del peligro. Cuando entran a una habitación, deben registrar rápidamente las salidas por donde escapar o los lugares donde resguardarse. Ellos se fijan en el color de pelo y la estatura de las personas, también en las matrículas de los autos, detalles que para nosotros pasarían desapercibidos. Incluso cuando están fuera de servicio, los responsables de hacer cumplir la ley están listos para servir y proteger.

S.M.H.

EN NUESTRA ORACIÓN DIARIA:

- Intercedamos por la salud y seguridad de los oficiales de la ley en nuestra comunidad.
- Pidamos a Dios que aliente a los comisarios fieles, a sus ayudantes y a todos los responsables de hacer cumplir la ley para que lo hagan con la guía de Dios.
- Oremos por el jefe de policía y por los oficiales que patrullan nuestro barrio. Tratemos de aprender sus nombres y enviémosles una nota de agradecimiento.

LA PERSEVERANCIA DE LOS PAKISTANÍES CRISTIANOS

Mantengan sus posiciones, que hoy mismo serán testigos de la salvación que el SEÑOR realizará en favor de ustedes.

ÉXODO 14:13

Pakistán está haciendo frente a una apabullante cantidad de problemas sociales, económicos y ecológicos. Los derechos constitucionales de las minorías han sido avasallados una y otra vez, y los derechos humanos más básicos de los grupos no musulmanes, de las mujeres y de los pobres, son ignorados totalmente. A partir de 1988 se ha incrementado la persecución al cristianismo: muchos hermanos han sido acusados falsamente de blasfemar contra Mahoma, un crimen que se castiga con la pena de muerte. Los creyentes pakistaníes, sin embargo, perseveran testificando valientemente su amor por Cristo.

EN NUESTRA ORACIÓN DIARIA:

- Oremos para que los creyentes pakistaníes tengan un testimonio puro y para que Dios les de fuerza, valentía y coraje para ser testigos de su fe.
- Pidamos a Dios que persuada al gobierno pakistaní para que apruebe leyes que protejan los derechos humanos.
- Oremos para que el parlamento pakistaní no apruebe las propuestas extremistas de persecución religiosa.

EL PASTOR

Las ovejas lo siguen porque reconocen su voz.

JUAN 10:4

Hay una íntima relación entre el pastor y sus ovejas. El pastor siempre toma la iniciativa, pero hay algo que las ovejas deben hacer cuando él entra al redil. Deben estar dispuestas a escuchar y responder a su voz.

Hace tiempo que él nos está buscando, que nos llama, que se ha preparado para encontrarse con nosotros y nos ama. Ya conocemos el camino que conduce al redil. Respondamos al Pastor, a Jesucristo.

ROSALIND RINKER

EN NUESTRA ORACIÓN DIARIA:

- Alabemos a Dios por el privilegio de pertenecer a su redil.
- Imaginemos que somos un cordero en los brazos seguros de nuestro Pastor. Descansemos y confiemos en su cuidado.
- Oremos para tener un claro discernimiento de la voz del Pastor. Su voz confirmará las Escrituras, nos guiará a la libertad y glorificará a Dios.

LOS TIEMPOS DE DIOS

Mi vida entera está en tus manos.

SALMO 31:15

Guiezi, el criado de Eliseo, le estaba contado al rey sobre un joven al que el profeta había resucitado. En ese preciso momento, la madre del joven se presentó en el palacio del rey para pedirle un favor. ¿Una coincidencia? Difícilmente. ¿Los tiempos de Dios? ¡Por supuesto! Cuando esperamos los tiempos de Dios y luego seguimos su dirección, no necesitamos preocuparnos de que las puertas que se abren vayan a cerrarse. Nuestros tiempos están en manos de Dios. Él nos conducirá al lugar donde debamos estar en el momento preciso. Lo único que tenemos que hacer es esperar y andar según sus tiempos.

S.M.H.

EN NUESTRA ORACIÓN DIARIA:

- Sometamos nuestros planes a los tiempos de Dios. Dejemos que Dios controle nuestra agenda.
- Agradezcamos a Dios por esas oportunidades en las que nos ha permitido estar en el lugar indicado en el momento preciso.
- Oremos para que Dios nos ayude a confiar en sus tiempos para todo lo que hagamos.

LA ORACIÓN DE UNA MADRE

Pero en cuanto nace la criatura [la mujer] se olvida de su angustia por la alegría de haber traído al mundo un nuevo ser.

JUAN 16:21

Phillis Wheatly fue la primera mujer afroamericana que logró publicar sus libros. En 1779 escribió esta oración dedicada a las mujeres que están a punto de ser madres: «¡Oh, mi grandioso Guardador! Dame la fuerza para traer al mundo un ser vivo y perfecto, que pueda ser yo un instrumento para promover tu gloria. En tu sabiduría infinita puedes sacar algo limpio de lo inmundo; que yo sea una vasija llena de honra para tu gloria. Dame también el espíritu de la oración y la súplica conforme a tus más grandiosas promesas».

EN NUESTRA ORACIÓN DIARIA:

- Recordemos en nuestra oración a una amiga o pariente embarazada. Pidamos a Dios por la salud y seguridad de la madre y del hijo.
- Pidamos la guía de Dios mientras ella prepara su hogar, su familia y su corazón para la llegada de una nueva vida.
- Oremos para que la nueva madre elija sabiamente, anteponiendo los intereses del bebé a los propios.

PERFECCIÓNANOS

*Procuren que [los dones espirituales] abunden para la
edificación de la iglesia.*

1 CORINTIOS 14:12

Al orar así, Juan Wesley reconoció la importancia de cada
creyente en cuanto a la obra que debe realizar la iglesia:
«Como te gozas en la prosperidad de tus siervos, permite que
nos alegremos en el servicio de nuestro Señor, para que siempre encontremos éxito en nuestro trabajo, en tu amor y alabanza. Llena todo lo que esté vacío, y cambia todo lo que
haya de malo en nosotros. Que el gozo de tu amor esté siempre en nuestros corazones. Amén».

EN NUESTRA ORACIÓN DIARIA:

- Oremos por los miembros de nuestra congregación.
  Mencionemos por sus nombres a quienes se sientan cerca
  de nosotros todas las semanas.
- Oremos por aquellas personas que están enfrentando
  conflictos personales en nuestra congregación. Presentemos esos problemas ante el trono de Dios.
- Oremos por aquellas personas que recién se han incor-
  porado a la iglesia. Pidamos que Dios las ayude a sentirse
  aceptadas y necesitadas.

UNA EMERGENCIA

Extiende tu mano desde las alturas y sálvame de las aguas
tumultuosas; líbrame del poder de gente extraña.

SALMO 144:7

Aún no había amanecido cuando sonó su localizador, pero de todos modos Dave se levantó rápido de la cama y se puso la ropa que había dejado lista junto a la cabecera. El pronóstico del tiempo emitido la noche anterior, el horario de la llamada, y la ubicación en la que se daba la emergencia, le hacían pensar que se trataba de un accidente automovilístico con heridos graves. Para las víctimas, la presencia de Dave como socorrista podía significar la diferencia entre la vida y la muerte. En esas ocasiones, los equipos médicos de emergencia, los conductores de ambulancias y los socorristas son la cuerda salvavidas que permite a las personas sobrevivir.

S.M.H.

EN NUESTRA ORACIÓN DIARIA:

- Oremos por los socorristas que tienen una mirada capaz de evaluar rápidamente y una mente clara para poder atender y calmar a los heridos cuando llegan al lugar del accidente.

- Oremos para que Dios les dé sabiduría y pericia a los equipos médicos de emergencia cuando tengan que atender a las víctimas de un accidente.

- Oremos por la seguridad de los conductores de ambulancia mientras llevan a los pacientes a los hospitales y centros de atención médica.

TIERRA DE DESORDEN

*Pero ustedes son linaje escogido, real sacerdocio, nación
santa, pueblo que pertenece a Dios, para que proclamen
las obras maravillosas de aquel que los llamó de las
tinieblas a su luz admirable.*

1 PEDRO 2:9

Desde los tiempos bíblicos Irak ha sido un territorio agi-
tado, pero desde que Saddán Hussein está en el gobierno, el país se ha sumido en el caos. Una década de guerra
y penurias ha paralizado la economía de Irak. Saddán Hussein
permite que haya minorías religiosas en Irak, siempre y
cuando sean leales a sus ideas. La importación de Biblias y literatura cristiana ha sido severamente restringida.

EN NUESTRA ORACIÓN DIARIA:

- Oremos para que los cristianos iraquíes encuentren la
  manera de compartir el amor de Jesús con los demás.
- Invoquemos el poder de Dios para sujetar el mal que
  pende sobre Irak, para que la gente pueda ver la verdad
  del evangelio.
- Oremos específicamente por los árabes de las marismas
  que viven a orillas del Río Tigris. Esta remota comunidad
  iraquí aún desconoce el evangelio.

AMIGOS ÍNTIMOS

Hay amigos que llevan a la ruina, y hay amigos más fieles que un hermano.

PROVERBIOS 18:24

Los amigos íntimos comparten nuestros secretos y anhelos más sentidos. Saben lo que pensamos y lo que vamos a decir antes de que lo digamos. Conocen las cosas que nos gustan y las que no. Saben cuáles son nuestros colores favoritos, nuestras comidas preferidas, nuestras esperanzas, nuestros sueños y nuestras aspiraciones.

Nuestros mejores amigos nunca perderán nuestra dirección y siempre sabrán cómo ponerse en contacto con nosotros. Piensan en nosotros a menudo aún cuando están de vacaciones. Además, conocen todo sobre nosotros: lo bueno y lo malo. Pero no se lo cuentan a nadie porque no quieren lastimarnos.

¿Es Dios tu mejor amigo?

S.M.H.

EN NUESTRA ORACIÓN DIARIA:

- Agradezcamos a Dios porque nos brinda su amistad. Aceptemos su ofrecimiento.
- Pensemos cómo podemos ser mejores amigos de Dios. Confiemos en que él nos enseñará cómo.
- Busquemos maneras de presentar nuestro divino amigo a otros. Procuremos que también él se convierta en el mejor amigo de ellos.

DECISIONES Y DECISIONES

*Si a alguno de ustedes le falta sabiduría, pídasela a Dios,
y él se la dará, pues Dios da a todos generosamente sin
menospreciar a nadie.*

SANTIAGO 1:5

Somos responsables de tomar un sinnúmero de decisiones,
desde las más insignificantes hasta las más importantes, que
afectarán nuestra vida. Lot tomó una decisión crucial cuando
debió escoger el sitio dónde vivir. También David debió tomar
una decisión trascendental cuando los filisteos se llevaron cautiva a su familia y sus hombres querían vengarse. Sin embargo,
estas dos decisiones tuvieron consecuencias muy diferentes. Lot
confió en sus propios recursos para elegir y pronto se dio cuenta
de que había sido arrastrado al desastre. David, en cambio,
apartó un tiempo para sentarse tranquilamente a conversar con
Dios. Solo después tomó su decisión, según la guía de Dios, la
que resultó en bendición para su familia.

S.M.H.

EN NUESTRA ORACIÓN DIARIA:

- Presentemos a Dios las decisiones que tenemos que
  tomar antes de resolver qué hacer.
- Pidamos a Dios que nos recuerde aquellos versículos
  bíblicos que puedan ayudarnos a tomar una decisión
  acertada.
- Oremos para que Dios confirme claramente la decisión
  que debemos tomar.

ORACIONES OPORTUNAS

Oren en el Espíritu en todo momento.

EFESIOS 6:18

Una amiga fue a visitar a su hijo y a su nuera. Como el hijo no regresaba del trabajo, la madre comenzó a impacientarse y dijo: «Estoy preocupada. ¿Por qué no vamos a buscarlo al trabajo?» Finalmente lo vieron llegar, montado en su motocicleta, pero marchando por la calle a contramano. Mientras lo observaban, vieron la moto salirse de la senda y subir al cordón de la vereda, y al muchacho volar por el aire y caer a unos cuarenta pies de donde estaban. Mientras volaba, su mamá oraba: «Jesús, ¡protege a mi hijo!» Corrieron al lugar donde había caído y ¡se encontraron con un milagro! ¡Ni un rasguño! ¿Significa esto que tenemos la culpa cuando alguien sufre un accidente por no haber estado orando por él en ese momento? De ningún modo. Significa sencillamente que debemos estar alerta. Y cuando el Espíritu nos lo advierte, responder rápidamente y orar por esa situación.

DUTCH SHEETS

EN NUESTRA ORACIÓN DIARIA:

- Presentemos a nuestros seres queridos ante Dios y oremos pidiendo la protección de Dios sobre sus vidas.
- Demos gracias a Dios porque nos permite interceder por ellos.

CONTADOR DE MONEDAS

Los que ejercen bien el diaconado se ganan un lugar de honor y adquieren mayor confianza para hablar de su fe en Cristo Jesús.

1 TIMOTEO 3:13

Las iglesias no son empresas que deban producir ganancias; por lo tanto administrar las finanzas de una iglesia puede ser una tarea desalentadora. El tesorero de nuestra iglesia tiene la responsabilidad de recoger las ofrendas, pagar los gastos y llevar un registro exacto de todas las transacciones. Se suele decir que los tesoreros de las iglesias «cuentan hasta la última monedita», que son «tacaños» y «amarretes». Sin embargo, Dios tiene otro punto de vista. Los llama «buenos mayordomos», «administradores fieles» y «siervos de confianza».

S.M.H.

EN NUESTRA ORACIÓN DIARIA:

- Agradezcamos a Dios por el tesorero de nuestra iglesia.
- Pidamos a Dios que le imparta sabiduría, entendimiento y honradez en el cumplimiento de su tarea.
- Oremos para que Dios nos ayude a ser dadores alegres y no personas quejosas por el manejo de las finanzas de nuestra iglesia.

LA CRUZ ROJA

Me enviaron ayuda una y otra vez
para suplir mis necesidades.

FILIPENSES 4:16

En 1864, los delegados de doce naciones se reunieron en Ginebra, Suiza, para discutir el tratamiento que se les debía dar a los soldados heridos, y que tipo de protección habría que brindar al personal médico de los hospitales identificados con una bandera blanca y una cruz roja. Desde ese momento, la Cruz Roja Internacional ha contribuido a aliviar el sufrimiento de soldados y civiles heridos, y de los prisioneros de guerra. La Cruz Roja Internacional también ayuda a las víctimas de inundaciones, terremotos, epidemias y en lugares donde se pasan situaciones de hambre. La Cruz Roja Americana, fundada en 1881, ha ampliado estos esfuerzos humanitarios incorporando programas de enfermería y cuidado de la salud, servicios de terapia, y ayuda financiera para las víctimas de desastres.

S.M.H.

EN NUESTRA ORACIÓN DIARIA:

- Agradezcamos a Dios la tarea filantrópica de la Cruz Roja.
- Oremos por los voluntarios de la Cruz Roja y por su tarea de distribuición alimentos, medicamentos y provisiones a los países devastados por la guerra.
- Pidamos a Dios que imparta sabiduría a los directores de la Cruz Roja, que trabajan junto con los gobiernos para minimizar la devastación de los desastres naturales.

EN LA CIMA DEL MUNDO

*Jesús dijo: «Dichosos serán ustedes cuando
por mi causa la gente los insulte, los persiga y levante
contra ustedes toda clase de calumnias.
Alégrense y llénense de júbilo, porque les espera
una gran recompensa en el cielo».*

MATEO 5:11-12

Tíbet perdió su independencia como nación budista en 1950, cuando los comunistas de China conquistaron el territorio. Desde entonces, los chinos han invadido todos los ámbitos de esa nación ubicada en la cima del mundo, destruyendo su cultura y religión. Muchos tibetanos han debido exiliarse. Miles han sido asesinados por su fe en Buda y los pocos cristianos que existen hoy en el Tíbet enfrentan una tenaz persecución por parte del gobierno y de los budistas fieles.

EN NUESTRA ORACIÓN DIARIA:

- Oremos para que Dios fortalezca a los creyentes de esta nación montañosa para que muchos tibetanos puedan llegar a conocer a Cristo.
- Oremos para que los sufrimientos actuales de todos los grupos religiosos sean el comienzo de un gran avivamiento espiritual, y que los tibetanos crean en Cristo.

IMPONENTE E INDEFINIBLE

*¡Tan grande es Dios que no lo conocemos! ¡Incontable es
el número de sus años!*

JOB 36:26

A Dios no se lo puede encadenar como un «prisionero de
la lógica» o dejarlo bajo la custodia de proposiciones
teológicas. Quienes quieren limitar su naturaleza y significado
deberían avergonzarse. En cuanto a mí, mi gozo es mayor que
mi conocimiento, ¡un concepto que sobrepasa mi mejor comprensión! ¡Dios! La mejor definición es no definirlo; se trata
de una vida demasiado grande como para ser abarcada con la
imaginación; de un amor sin igual. ¿Quién es él? Dios. Él es
la pregunta y la respuesta, el equilibrio mismo, el todo.

JOSEPH PARKER

EN NUESTRA ORACIÓN DIARIA:

- Reflexionemos acerca de la idea que tenemos de Dios, ¿es
  limitada o ilimitada?
- Sumerjámonos en Dios, sintamos su presencia obrando
  a través de nosotros.
- Agradezcamos a Dios la oportunidad de ver su poder
  trabajando a nuestro favor.

LA PALABRA JUSTA

Ciertamente, la palabra de Dios es viva y poderosa.

HEBREOS 4:12

La Biblia es la palabra de Dios, viva y actual. En nuestras experiencias cotidianas, Dios nos habla a través de la Biblia. A través de ella aprendemos las verdades de Dios y conocemos su carácter. Su Palabra viva corrige nuestros errores. Nos prepara para seguirlo más de cerca y para encontrar de nuevo el camino cuando nos apartamos. A través de ella, Dios tiene la palabra justa para nosotros en el momento preciso. Solo necesitamos dedicar tiempo a leer y escuchar su Palabra. ¿Has pasado un tiempo con la Palabra de Dios hoy?

S.M.H.

EN NUESTRA ORACIÓN DIARIA:

- Asumamos el compromiso de estudiar con regularidad la Palabra de Dios.
- Pidamos a Dios que al leer su Palabra al menos un versículo se haga real para nosotros.
- Oremos pidiendo entendimiento acerca de las cosas que leemos en su Palabra.

LAS FAENAS DEL CAMPO

«La cosecha es abundante, pero son pocos los obreros —les dijo [Jesús] a sus discípulos—. Pídanle, por tanto, al Señor de la cosecha que envíe obreros a su campo».

MATEO 9:37-38

Las faenas del campo demandan fuerza física. Los campesinos deben trabajar todo el año para recoger sus cosechas. Cuando los mayores se retiran, los más jóvenes continúan en sus labores.

En el campo de Dios hay quienes siembran y quienes siegan. Los trabajadores de los campos de Dios nunca se jubilan, pero a veces les son asignadas nuevas tareas. Si tenemos la disposición de ocupar el vacío que dejaron otros obreros, serviremos de ejemplo para los demás; y quizás ellos también quieran ir donde Dios los guíe y ayudar en lo que Dios les pida. Siempre se necesitan obreros. ¿Te está llamando Dios para ocupar el lugar que otro dejó?

S.M.H.

EN NUESTRA ORACIÓN DIARIA:

- Pidamos a Dios que nos muestre qué lugares vacíos en su obra podemos ocupar.
- Pidamos a Dios que nos dé un corazón de siervo para ser ejemplo a los demás.
- Oremos para que Dios nos brinde la oportunidad de enseñar a nuestra familia acerca del servicio a los demás.

ENTRENAMIENTO EN ENTIERROS

La sabiduría vendrá a tu corazón, y
el conocimiento te endulzará la vida.

PROVERBIOS 2:10

Los profesores de los seminarios desafían constantemente las sólidas creencias de sus estudiantes. Los alumnos que sobreviven a esos años de estudio, entierran sus conceptos erróneos en el cementerio del seminario y redescubren su amor por Dios gracias a la porfiada insistencia de sus profesores. El reverendo John Henry Jowett reconoció la importancia de la formación de los profesores de seminario cuando oró: «Padre, además de mostrarnos tu voluntad, enséñanos cómo llevarla a cabo. Enséñanos la mejor manera de hacer lo mejor, para no frustrar el fin con medios indignos».

EN NUESTRA ORACIÓN DIARIA:

- Recordemos a los profesores que forman a los futuros pastores.
- Pidamos a Dios que les dé sabiduría para transmitir las verdades de las Escrituras a esas mentes jóvenes.
- Oremos para que Dios les dé aliento y claridad de pensamiento a los seminaristas, ensimismados en la lectura de volúmenes, para que puedan encontrar la vibrante experiencia del cambio de vida.

POLÍTICAS PENDIENTES

¿Quién puede anunciar algo y hacerlo realidad sin que el
SEÑOR dé la orden?

LAMENTACIONES 3:37

Con el advenimiento de la televisión por cable, los norteamericanos pueden recibir transmisiones diarias desde el recinto del Congreso de los Estados Unidos. El público puede asistir en vivo a los debates, discursos y votaciones de las políticas presentadas ante el Congreso. La Biblia nos recuerda que Dios es el que, en definitiva, se encarga de las políticas que afectan a nuestro país. Él es el único que dirige el resultado de las votaciones y el equilibrio de poderes.

S.M.H.

EN NUESTRA ORACIÓN DIARIA:

- Presentemos a los senadores ante el trono de Dios, pidamos la sabiduría y dirección divinas en las deliberaciones y decisiones que deben tomar.
- Recordemos a nuestros congresistas. Oremos para que los principios cristianos sean factores prioritarios en la toma de sus decisiones.
- Pidamos la misericordia de Dios con respecto a las políticas pendientes en el Congreso, para que él impida aquellas resoluciones contrarias a nuestro bien.

LIMPIEZA POR ASPERSIÓN

Acerquémonos, pues, a Dios con corazón sincero y con la plena seguridad que da la fe, interiormente purificados de una conciencia culpable y exteriormente lavados con agua pura.

HEBREOS 10:22

Con un uno por ciento de la población que declara ser cristiana, Tailandia es una nación inmersa en la corrupción. Los gobernantes promueven a los carteles de drogas, a las agrupaciones delictivas y a una enorme industria de prostitución. El pueblo tailandés es afecto a prácticas ocultas, a la adoración de espíritus y al budismo. En el comienzo de cada año, muchas familias tailandesas rocían con agua a sus parientes, porque creen que el agua lavará los pecados del año pasado y los protegerá de potenciales desastres en el año que comienza.

EN NUESTRA ORACIÓN DIARIA:

- Unámonos a los cristianos tailandeses para rogar por una apertura espiritual en su nación.
- Oremos para que surjan líderes honrados que pongan fin a la corrupción y sienten las bases para una sociedad justa.
- Oremos por los misioneros en Tailandia que necesitan aprender dos idiomas difíciles para poder difundir el mensaje del evangelio.

PAPÁ

Ustedes ya son hijos. Dios ha enviado
a nuestros corazones el Espíritu de su Hijo,
que clama: «¡Abba! ¡Padre!»

GÁLATAS 4:6

Abba e imma (papá y mamá) son las primeras palabras que los niños judíos aprenden a decir. Y *abba* es una palabra tan personal y tan íntima que a nadie se le hubiera ocurrido usarla para dirigirse al gran Dios del universo... hasta que vino Jesús. La realidad de esa profunda intimidad se traslucía en todo lo que Jesús decía y hacía. Se nos invita a experimentar esa misma intimidad que Jesús tuvo con Dios el Padre mientras estuvo en la carne. Se nos anima a subirnos a las faldas del Padre y recibir su amor, consuelo, salud, y fuerza.

RICHARD FOSTER

EN NUESTRA ORACIÓN DIARIA:

- Cuando oremos, dediquemos tiempo a reír y llorar, abierta y libremente, con *Abba*, nuestro padre.
- Sintamos cómo su presencia nos envuelve en un tierno abrazo.
- Adoremos su grandeza desde lo profundo de nuestro espíritu.

FINANZAS LLENAS DE FE

El que confía en sus riquezas se marchita, pero el justo se renueva como el follaje.

PROVERBIOS 11:28

La película «¡Qué vida maravillosa!», uno de los clásicos del cine, contrasta la vida del avaro y pudiente Henry Potter con la del comerciante esforzado, George Bailey. En la historia Bailey invierte su vida y su dinero en la gente del pueblo y se gana su cariño: un amor que Potter nunca podrá comprar.

Dios quiere que nosotros usemos también nuestro dinero con sabiduría. Que cuando tengamos que pasar por dificultades económicas, dependamos de Dios para que satisfaga nuestras necesidades. Y que en los tiempos de abundancia, también dependamos de la ayuda de Dios para compartir nuestro excedente. Si nuestras finanzas se inspiran en nuestra fe nunca tendremos vidas solitarias como la del Sr. Potter, sino que seremos testigos de cómo nuestras finanzas nos acercan a Dios y a los demás.

S.M.H.

EN NUESTRA ORACIÓN DIARIA:

- Agradezcamos a Dios por satisfacer nuestras necesidades.
- Pidamos sabiduría divina para planear nuestro presupuesto y las posesiones que hemos de adquirir.
- Pongamos nuestro dinero en manos de Dios: tanto los tiempos de abundancia como los de escasez.

PRIORIDADES ENCOMIABLES

Todo lo que [Ezequías] emprendió ... lo hizo de todo corazón, de acuerdo con la ley y el mandamiento de buscar a Dios, y tuvo éxito.

2 CRÓNICAS 31:21

Si queremos que nuestros hijos triunfen en la vida, sus prioridades deberán ser las mismas que las de Eze-quías. Para asegurarnos de que Dios ocupe el primer lugar en la vida de nuestros hijos, nosotros debemos darle la prioridad constantemente. ¿Tienen nuestros hijos el cuidado de enmarcar sus vidas dentro de un contexto de oración?, ¿Le dan importancia al hecho de edificar sus vidas sobre el fundamento de la palabra de Dios? Deberíamos más bien preguntarnos, ¿nos cuidamos de ser ejemplo en cuanto a esas prioridades?

Ezequías trabajaba «de todo corazón». Además de jugar con los vídeo juegos, en qué otras cosas se ocupan nuestros hijos ¿Trabajan? ¿Tienen tareas acordes a su edad y capacidad? ¿Les exigimos que asuman la responsabilidad de esos encargos? Si nuestros hijos tienen las mismas prioridades encomiables de Ezequías, prosperarán como él.

S.M.H.

EN NUESTRA ORACIÓN DIARIA:

- Pidamos a Dios que nos ayude a encaminar las prioridades de nuestros hijos.
- Oremos para encontrar maneras de fomentar en nuestros hijos el tiempo de oración y estudio bíblico diario.
- Pidamos a Dios que nos ayude a motivar a nuestros hijos para que realicen los deberes y las tareas domésticas de todo corazón.

NUEVOS CONOCIMIENTOS Y SABIDURÍA DE SIGLOS

*Cuando Jesús desembarcó y vio tanta gente, tuvo
compasión de ellos, porque eran como ovejas sin pastor.
Así que comenzó a enseñarles muchas cosas.*

MARCOS 6:34

Quienes han sido instruidos en el reino de los cielos
tienen en sus corazones una especie de aparador que
almacena conocimientos nuevos y renovados, pero que a la
vez guarda una sabiduría de siglos a prueba del tiempo. Como
hospitalarios anfitriones que comparten tanto viejas como
nuevas pertenencias, los buenos profesores refrescan la
sabiduría obtenida del pasado con las lecciones aprendidas en
el presente a través del estudio o de la propia experiencia

DR. WALTER CROW

EN NUESTRA ORACIÓN DIARIA

- Oremos para que Dios nombre a hombres y mujeres
  fieles como adjuntos y profesores en nuestras universidades y facultades.
- Agradezcamos a Dios por el conocimiento renovado que
  recibimos de los maestros de Biblia en nuestra iglesia y
  comunidad.
- Oremos pidiendo sabiduría para los maestros, para que
  puedan impartir los nuevos conocimientos que reciben
  de Dios.

PAVIMENTO CON BACHES

*Preparen el camino para el pueblo. ¡Construyan la
carretera! ¡Quítenle todas las piedras!*

Isaías 62:10

A través de la Cordillera de los Andes una carretera angosta
serpentea entre los pasos de montaña uniendo a varios
pueblos. Los pasajeros que viajan en los repletos autobuses se
tocan unos con otros a causa de las ondulaciones del camino.
Al girar en una curva, de pronto aparecen grandes pozos ocultos: algunos tan grandes como para que una camioneta quede
varada de trompa. En esta carretera de América del Sur un
viaje de setenta millas puede demorar tres horas debido a los
baches.

En los Estados Unidos ni nos fijamos en nuestras carreteras y pocas veces pensamos en los obreros que las
mantienen en buen estado. Sin este trabajo y dedicación,
nuestras carreteras serían como esos caminos de montaña en
la Cordillera de los Andes.

S.M.H.

EN NUESTRA ORACIÓN DIARIA:

- Agradezcamos a Dios por el buen estado de nuestras
  rutas.
- Oremos por la seguridad de las cuadrillas de mantenimiento de nuestras carreteras.
- Pidamos a Dios que nos recuerde que debemos conducir
  con cuidado en las carreteras en reparación.

LA ENCRUCIJADA

Deténganse en los caminos y miren; pregunten por los senderos antiguos. Pregunten por el buen camino, y no se aparten de él.

JEREMÍAS 6:16

Al territorio árido y montañoso de Afganistán se lo llama «la encrucijada de Asia Central». Esa ubicación centralizada siempre le ha traído problemas. Durante siglos, Afganistán ha tenido que luchar contra los invasores. En 1992 los extremistas musulmanes derrocaron al gobierno comunista de Afganistán y provocaron una guerra civil santa por la supremacía religiosa y política. Si bien ahora reciben a los trabajadores cristianos de organizaciones humanitarias, la presencia de misioneros está prohibida. En Afganistán se castiga a los extranjeros que comparten su fe, y una profesión pública de fe en Cristo se paga con la vida.

EN NUESTRA ORACIÓN DIARIA:

- Oremos por los ochenta y ocho grupos afganos que no conocen el evangelio, para que la luz del evangelio ilumine su oscuridad espiritual.
- Oremos para que haya apertura al evangelio en los que cuestionan la brutalidad de los líderes islámicos.
- Oremos para que Dios les dé fuerza, provisiones y protección a los pocos creyentes que, con valentía, comparten su fe.

UN SALVADOR JUSTO

Yo, en cambio, te ofreceré sacrificios y cánticos de gratitud. Cumpliré las promesas que te hice. ¡La salvación viene del Señor!

JONÁS 2:9

La Biblia nos dice que después de estar tres días en el vientre de un gran pez, Dios liberó a Jonás de su desobediencia y lo encaminó en la senda de la sumisión. Jonás había huido de Dios, desde la orilla de su propia voluntad había abordado un barco, pero Dios lo depositó en las arenas de la renuncia. Un sentimiento de compromiso reemplazó su anterior espíritu contencioso. El ungüento de la alegría rompió su corazón de piedra. No cabe duda de que la salvación verdaderamente viene de un Dios justo.

S.M.H.

EN NUESTRA ORACIÓN DIARIA:

- Pongamos nuestra vida ante Dios y declaremos nuestra intención de cumplir su voluntad.
- Confesemos nuestra autosuficiencia y nuestras luchas por evitar la sumisión y la renuncia.
- Oremos para tener un corazón libre de los prejuicios que puedan limitar nuestra fidelidad a Dios.

CON LA MENTE Y EL CORAZÓN

Ama al SEÑOR tu Dios con todo tu corazón y con toda tu alma y con todas tus fuerzas.

DEUTERONOMIO 6:5

A menudo repetimos mecánicamente gestos de adoración, pero no los hacemos de corazón. Nos sentamos y cantamos los himnos durante los cultos, pero nuestra mente está pensando en cómo pagaremos la cuenta del dentista o en el problema que tenemos con nuestros parientes políticos.

Para adorar a Dios verdaderamente, tenemos que usar la mente y el corazón. Necesitamos despejar nuestros pensamientos de las preocupaciones mundanas que nos acosan y responder a Dios, reconociendo la grandeza de su persona y experimentando las verdades que él nos revela acerca de sí mismo. Sólo entonces podremos adorar a Dios «en espíritu y en verdad» (Juan 4:24).

S.M.H.

EN NUESTRA ORACIÓN DIARIA:

- Pensemos en el poder de Dios que opera dentro de nosotros y en el entorno que nos rodea: en nuestra vida, en la creación, en los demás.
- Agradezcamos a Dios porque él provee para nuestras necesidades diarias.
- Pidamos a Dios que nos muestre cómo reaccionar con respecto a aquellas cosas que aprendemos de él.

LA ORACIÓN DE UN MAESTRO

Los sabios instruirán a muchos.

DANIEL 11:33

Allá por 1840, Ann Plato enseñaba a los niños afroamericanos de Hartford, estado de Connecticut. Sus oraciones pidiendo la dirección e inspiración de Dios en su enseñanza se reflejan en este poema:

Mientras me empeño en gobernar el corazón humano,
que pueda seguir impartiendo los preceptos celestiales;
que cada alma joven pueda atrapar el fuego sagrado,
y la mente juvenil aspirar al trono de la virtud...
Dame días activos llenos de paz y verdad,
dale fuerza a mi corazón, y sabiduría a mi juventud;
dame un campo dónde servir, un alma para llenar,
sea ese mi deber, y el cumplir tu voluntad.

EN NUESTRA ORACIÓN DIARIA:

- Recordemos a los maestros que influyen directamente sobre nuestros hijos. Mencionémoslos por su nombre.
- Intercedamos para que esta semana los maestros tengan la dirección e inspiración de Dios en su enseñanza.
- Pidamos a Dios que su paz se esparza en todas las clases y que estas estén libres de distracciones y conflictos provocados por los alborotadores.

IR CON DIOS

El Señor te cuidará en el hogar y en el camino,
desde ahora y para siempre.

SALMO 121:8

¡Qué maravilloso es descansar y pasar tiempo junto a la familia y los amigos! Las vacaciones son un medio para disfrutar más de la abundancia de Dios. Pero no somos los únicos que necesitamos un tiempo lejos de nuestra rutina diaria. A nuestros pastores también les hace falta ese tiempo renovador.

Nuestros pastores necesitan disponer de tiempo para encontrarse con Dios en la tranquilidad de un amanecer, en la risa de los niños, en la sonrisa de su esposa o de un pariente. Sus vacaciones no son un tiempo lejos de Dios, sino la oportunidad de reconectarse con Dios, de sentir su presencia y su cuidado.

S.M.H.

EN NUESTRA ORACIÓN DIARIA:

- Intercedamos por las presiones que nuestros pastores tienen que enfrentar en esta semana.
- Oremos para que Dios ayude a nuestros pastores al planear sus vacaciones... ¡y para que se las puedan tomar!
- Agradezcamos a Dios porque él usa ese momento de relajación para acercar a los pastores a él.

UN SÁNDWICH GRANDIOSO

Lo que ganes con tus manos, eso comerás;
gozarás de dicha y prosperidad.

SALMO 128:2

¡Henry prepara unos sándwiches sirios grandiosos! Todos los días, cuando abre las puertas de su negocio de alimentos exóticos, los aromas tentadores se esparcen por la acera. Sí, Henry es muy trabajador, como también lo son los dueños de los pequeños comercios de nuestra comunidad. Sin nuestro patrocinio, los pequeños negocios no podrían pagar sus cuentas ni mantener sus puertas abiertas. Sus vitrinas estarían vacías, serían presa del vandalismo, y caerían los valores de esas propiedades. Alentemos a los pequeños negocios que proveen un buen servicio a nuestra comunidad. Conozcámoslos. Compremos en sus establecimientos. Oremos por ellos.

S.M.H.

EN NUESTRA ORACIÓN DIARIA:

- Escojamos un comercio cercano a nuestro hogar. Conozcamos a sus dueños y oremos por ellos.
- Pidámosle a Dios que envíe clientes a ese comercio para que no dé pérdidas.
- Oremos para que Dios traiga buenos inquilinos a las tiendas vacías de nuestro barrio.

LA NARRATIVA ORAL
DE SENEGAL

Todo el día proclamará mi boca tu justicia y tu
salvación, aunque es algo que no alcanzo a
descifrar. Soberano SEÑOR, relataré tus obras poderosas, y
haré memoria de tu justicia, de tu justicia solamente.

SALMO 71:15-16

Muchos cristianos de Senegal no tienen un estilo de vida cristiano. En realidad, la población, en su mayoría musulmana, se refiere a los cristianos como a «esos que toman» en vez de a «esos que siguen a Cristo». Algunos de estos musulmanes pertenecen a la tribu wolof. A pesar de los esfuerzos de los misioneros, esta gente orgullosa se resiste a recibir el evangelio y aun recurre a encantamientos y consulta a los espíritus. Sin embargo, los wolof respetan a quienes hablan bien y desarrollan su expresión verbal mediante la narración de cuentos.

EN NUESTRA ORACIÓN DIARIA:

- Oremos para que los misioneros encuentren la manera de compartir las historias de Jesús para alcanzar a los pueblos de Senegal.
- Intercedamos por la seguridad de los misioneros que viven entre las hostiles facciones musulmanas.

TRES VECES VERDAD

Dios es veraz.

JUAN 3:33

Decir la verdad es tan importante para nuestro sistema judicial, que una persona debe poner su mano sobre la Biblia y jurar ante Dios y todos los presentes que las palabras que dirá en la corte son veraces. ¿Por qué es tan importante la verdad? La verdad despeja la posibilidad de error y prejuicio. La verdad nos obliga a vernos a la luz del carácter de Dios. En Juan 3:33 leemos que Dios es veraz; 1 Juan 5:6 dice que el Espíritu Santo es verdad, y Jesús nos dijo que él es la verdad en Juan 14:6. Tres veces en los escritos de Juan, la palabra de Dios declara que la verdad es una parte integral del carácter de Dios.

S.M.H.

EN NUESTRA ORACIÓN DIARIA:

- Pidamos a Dios que escudriñe nuestro corazón. ¿Nos conducimos siempre con la verdad?
- Pidamos a Dios que purifique nuestro espíritu. Arrepintámonos de los pensamientos y las palabras que hemos dicho y no han sido totalmente veraces.
- Pidamos a Dios que ilumine nuestra mente. Estudiemos lo que la Biblia dice acerca de la verdad.

SIGAMOS ORANDO

La oración de fe sanará al enfermo.

SANTIAGO 5:15

A pesar de las constantes oraciones de su familia y amigos, aquella mujer era incapaz de mover sus piernas, estaba paralizada por un virus desconocido. Una noche, mientras todos los de la casa dormían, un ladrón entró a una de las habitaciones contiguas al dormitorio de la mujer. Al escuchar los ruidos y darse cuenta de que se trataba de un asaltante, la mujer aterrorizada saltó de la cama y corrió hasta las escaleras para pedir ayuda. Los doctores concluyeron que la remisión de su parálisis solo podía tratarse de un milagro.

S.M.H.

EN NUESTRA ORACIÓN DIARIA:

- Recordemos que Dios es un Dios de milagros.
- Presentemos las preocupaciones por nuestra salud ante Dios, sabiendo que él las escucha y responde las oraciones.
- Confiemos que Dios hará lo mejor para sanarnos, cuando sea el momento, a través de la medicina convencional o por medios milagrosos.

FRICCIONES FAMILIARES

Perdónen[se] si alguno tiene queja contra otro.

COLOSENSES 3:13

Cuando un familiar nos insulta, nuestra respuesta inmediata no suele ser amable. Podemos insultarlo también, o ponernos a la defensiva. Una reacción más saludable, en cambio, sería la de responder con amor y perdón.

Si agregamos amor a la ecuación para tratar el dolor, podremos pasar por alto la afrenta o el insulto y ver las necesidades del otro. Podremos darnos cuenta de que, quizá hicimos algo que fue mal interpretado. O cometimos, involuntariamente, algún error, que lastimó a esa persona. Ser conscientes de nuestro propio error puede hacernos considerar menos malo el insulto ajeno. Aprendamos a ser los primeros en amar y perdonar para que las fricciones familiares cesen y la relación sane rápidamente.

S.M.H.

EN NUESTRA ORACIÓN DIARIA:

- Presentemos nuestras amarguras y los desaires que nos han hecho ante el Padre.
- Pidámosle que nos ayude a perdonar a aquel familiar que nos ha insultado u ofendido.
- Oremos para que Dios nos muestre cómo amar y perdonar a esa persona.

CANTEMOS PARA EL SALVADOR

SEÑOR, quiero alabarte de todo corazón, y cantarte salmos delante de los dioses.

SALMO 138:1

La cantante de gospel, Sandi Patti, comenzó su carrera musical integrando un grupo de canto con su familia. La familia Patti, el padre, la madre, Sandi y los dos hermanos menores, hacía giras por el país, cantando en los cultos de las iglesias, en campamentos y en cruzadas de evangelización. Luego, durante un año, Sandi cantó con «The Gaither Trio». Recién después, a mediados de los ochenta, comenzó su carrera como solista. Sandi Patti y otros cantantes de música gospel, cumplen el deseo del salmista de cantar salmos y alabanzas a Dios.

EN NUESTRA ORACIÓN DIARIA:

- Oremos para que Dios inspire a los músicos cristianos para que ministren en su nombre.
- Intercedamos por nuestro cantante de música *gospel* favorito. Oremos pidiendo las mismas cosas que desearíamos que alguien pidiera por nosotros.
- Oremos para que Dios fortalezca a los cantantes cristianos que deben viajar lejos de su hogar, para que descansen bien, para que tengan buenos amigos y para que sean buenos testigos de él.

UNA ORACIÓN COMUNITARIA

Dichosa la nación cuyo Dios es el Señor, el pueblo que escogió por su heredad.

SALMO 33:12

De la guerra, el derramamiento de sangre y la violencia; de la corrupción y los gobiernos injustos; de la sedición y la traición: *Líbranos, Señor.*

Levanta a los caídos y fortalece a los que permanecen en pie; consuela y ayuda a los desanimados y angustiados: *Señor clemente, ayúdanos.*

Da justicia y paz a todas las naciones; preserva nuestro país de la discordia y los conflictos; dirige y guarda a las autoridades civiles; bendice y guía a nuestro pueblo: *Querido Señor, escúchanos.*

Reconcílianos con nuestros enemigos, con quienes nos persiguen e injurian; ayúdanos a usar con sabiduría los frutos y tesoros de la tierra, el mar y el aire: *En tu misericordia, escucha nuestras oraciones.*

EN NUESTRA ORACIÓN DIARIA:

- Agradezcamos a Dios la libertad que tenemos para orar y adorar en público.
- Intercedamos para que la misericordia de Dios esté presente en la conducción de los asuntos que tienen que ver con nuestra nación.

UN VACÍO DE CORAL

Para que les abras los ojos y se conviertan de las tinieblas
a la luz, y del poder de Satanás a Dios.

HECHOS 26:18

La República de Maldivas, una de las naciones menos evangelizadas del mundo, está compuesta por doce mil islas de coral en el Océano Índico. Allí no se concede la residencia a ningún misionero. Y se desconoce si existen cristianos maldivos porque la lealtad a la fe islámica es obligatoria. En ese lugar no es posible importar legalmente ni Biblias ni literatura cristiana. En 1998 se expulsó del país a todos los extranjeros cristianos de los que se tenía conocimiento.

EN NUESTRA ORACIÓN DIARIA:

- Pidamos a Dios que dé oportunidad en los medios de comunicación, para que el evangelio pueda llegar a las Islas Maldivas a través de ellos.
- Oremos para que Dios llene el vacío que dejaron los extranjeros cristianos cuando fueron expulsados junto con los turistas cristianos y los pescadores cristianos que comercian con los nativos maldivos.
- Pidamos a Dios que envíe estudiantes y trabajadores maldivos a otros países para que puedan aprender acerca de Cristo y creer en él, y regresar a su país para compartir su fe.

¿QUÉ MÁS QUE LA GRACIA?

Pero tú, Señor, eres Dios clemente y compasivo.

Salmo 86:15

El don de la gracia de Dios está todos los días frente a nuestros ojos, donde quiera que miremos podremos verlo: padre y madre; casa y hogar; paz, protección y seguridad por medio de los gobiernos del mundo. Y sobre todo lo notamos en la entrega de su amado Hijo por nosotros. Esto ha sido dado a conocer mediante el evangelio, para ayudarnos en todas nuestras penas y aflicciones. ¿Qué más podría haber hecho por nosotros? ¿Qué más podríamos pedir?

Martín Lutero

EN NUESTRA ORACIÓN DIARIA:

- Agradezcamos a Dios por su compasión y bondad, que nunca nos defraudan.
- Alegrémonos por los dones que, por gracia, recibimos de Dios.
- Comprometámonos de corazón a hablar con otros acerca de estas cosas.

¿SOMOS DEL CIELO?

*Así que somos embajadores de Cristo, como si Dios los
exhortara a ustedes por medio de nosotros.*

2 Corintios 5:20

Sentadas junto a una fuente en la entrada de la Exposición
Mundial 1963, en Flushing Meadow , estado de Nueva
York, dos pequeñas charlaban en una jerigonza infantil. Un
extraño se les acercó y les preguntó si eran noruegas. Las niñas
se rieron y sacudieron sus cabezas: «No, señor» dijo la más
valiente, «somos de Filadelfia».

La confusión del extraño era comprensible, ya que por
su apariencia se podía pensar que las niñas fueran extranjeras.
¿Se asemeja nuestra vida lo suficientemente a Cristo como
para que un desconocido pueda suponer que pertenecemos al
reino celestial?

S.M.H.

EN NUESTRA ORACIÓN DIARIA:

- Agradezcamos a Dios la oportunidad de ser sus embajadores.
- Pidámosle que nos ayude a reflejar de palabra y de hecho
su reino.
- Oremos para se nos presenten oportunidades de hablar
a otros acerca de nuestro hogar celestial.

NO MÁS TINIEBLAS

*Pues aunque vivimos en el mundo, no libramos batallas
como lo hace el mundo. Las armas con que luchamos no
son del mundo, sino que tienen el poder divino para
derribar fortalezas.*

2 CORINTIOS 10:3-4

Hace unos años vi cómo demolían un enorme edificio. La
cuadrilla de derrumbe usó dinamita, estratégicamente
colocada por expertos, para demoler esta gran estructura en
menos de diez segundos. En cierto modo esto es una ilus-
tración de cómo actúa nuestra intercesión. La diferencia con
aquel edificio, es que no vemos las respuestas en segundos.
Podemos estar colocando estratégicamente la dinamita del
Espíritu por días, semanas, o meses. Pero tarde o temprano
habrá una explosión poderosa del Espíritu, un baluarte se derrumbará y una persona caerá de rodillas.

DUTCH SHEETS

EN NUESTRA ORACIÓN DIARIA:

- Intercedamos pidiendo la protección de Dios para los
  miembros perdidos de nuestra familia.
- Pidamos a Dios que todos los días se crucen con personas fieles.
- Oremos para que Dios ilumine a esas personas y puedan
  mostrar a nuestros seres queridos la necesidad que tienen
  de Cristo.

TIENDE LA MANO CON INGENIO

Jesús dijo: «Como el Padre me envió a mí, así yo los envío a ustedes».

JUAN 20:21

Muchas iglesias tienen programas para alcanzar a los niños y adolescentes. Si bien algunos aducen que este tipo de programas constituye simplemente un entretenimiento, esos esfuerzos de evangelización presentan el mensaje de Dios de una manera más sutil. Una maestra de Escuela Dominical, que se valía de juegos para reforzar sus lecciones, escuchó a una niña decirle a su mamá: «Hoy jugamos un juego con la señorita Pike. Aprendí los nombres de todos los libros de la Biblia, y ¡ni me di cuenta!» El ingenio de la Sra. Pike le sirvió a una pequeña. Dios espera que todos nosotros usemos los dones que él nos ha dado para que nos dispongamos a enseñar a nuestros niños.

S.M.H.

EN NUESTRA ORACIÓN DIARIA:

- Pidamos a Dios que nos dé ideas nuevas y brillantes para alcanzar a los niños con el evangelio.
- Oremos por los programas y las propuestas evangelizadoras en nuestra iglesia y comunidad.
- Examinemos nuestro corazón con el fin de encontrar la disposición para servir en los ministerios evangelizadores de niños y jóvenes.

¡FUEGO!

*Porque él ordenará que sus ángeles
te cuiden en todos tus caminos.*

SALMO 91:11

Un grito desgarrador se escuchó en la oscuridad: «¡Mi automóvil está en llamas!» Cuando la madre había puesto a sus hijos a salvo, los bomberos ya estaban en el lugar del hecho con sus mangueras apuntando hacia el automóvil en llamas para evitar que explotara el tanque de gasolina. Luego, con precisión, aquellas manos expertas apagaron otros focos que amenazaban la casa del vecino y el garaje de la joven madre. Cuando terminaron de extinguir el fuego, la mujer agradeció entre lágrimas: «¿Qué hubiéramos hecho sin ustedes?»

S.M.H.

EN NUESTRA ORACIÓN DIARIA:

- Agradezcamos a Dios por el departamento de bomberos que sirve en nuestra comunidad.
- Oremos por esa protección que ellos nos proporcionan.
- Pidamos a Dios que todo el cuerpo de bomberos goce de buena salud y tenga las fuerzas necesarias para desempeñar su labor.

ENTRE DOS CONTINENTES

¿Quién nos apartará del amor de Cristo? ¿La tribulación, o la angustia, la persecución, el hambre, la indigencia, el peligro, o la violencia? … Sin embargo, en todo esto somos más que vencedores por medio de aquel que nos amó.

ROMANOS 8:35,37

Ubicada como un puente entre el continente europeo y el asiático, Turquía es un baluarte de la fe musulmana. Si bien la ley no está en contra de la libertad religiosa de los ciudadanos, algunos turcos convertidos al cristianismo han perdido su empleo o han sido encarcelados. Como consecuencia, el número de conversiones al cristianismo ha decrecido. El testimonio cristiano queda reducido al sector de los empresarios extranjeros y las minorías nacionales, donde el crecimiento en la comunión es más evidente.

EN NUESTRA ORACIÓN DIARIA

- Alabemos a Dios por su intervención en Turquía y en la vida de los creyentes turcos.
- Oremos por un avivamiento mediante la divulgación de literatura cristiana y la transmisión de programas radiales.
- Oremos para que Dios reemplace a los gobernantes infieles por líderes afines al evangelio.

EL AMADO DE NUESTRAS ALMAS

Tú, SEÑOR, eres bueno y perdonador; grande es tu amor por todos los que te invocan.

SALMO 86:5

Hace muchos años, un muy divulgado estudio demostró que los seres humanos necesitan amor para sobrevivir. El experimento se llevó a cabo en un orfanato de la Unión Soviética. Allí, la mitad de los niños recibieron besos y abrazos de sus preceptores, mientras que la otra mitad solo recibió alimento e higienización. Al poco tiempo, los pequeños sin contacto físico comenzaron a debilitarse, mientras que sus iguales mimados rebosaban de salud.

Dios ha puesto en nosotros la necesidad de ser amados, pero solo él nos ofrece el amor incondicional que puede colmar nuestras almas y satisfacer nuestra más profunda necesidad.

S.M.H.

EN NUESTRA ORACIÓN DIARIA:

- Reconozcamos que necesitamos el amor de Dios. Aceptemos su amor hasta quedar rebosantes de él.
- Alegrémonos de saber que Dios nos ama incondicionalmente. No tenemos que hacer nada ni ser personas especiales para obtenerlo.
- Pidamos a Dios que nos muestre cómo podemos compartir su amor con otros.

DISTRIBUCIÓN Y PRODUCCIÓN

Todo esto proviene de Dios, quien por medio de Cristo nos reconcilió consigo mismo y nos dio el ministerio de la reconciliación.

2 CORINTIOS 5:18

Nuestras oraciones de intercesión son una extensión de la obra intercesora de Jesús. Descubrimos la diferencia entre las suyas y las nuestras cuando comprendemos los conceptos de distribución y producción, y entendemos la tarea que nos toca realizar. Nosotros no somos los responsables de producir nada: ni la reconciliación, ni la liberación, ni la victoria, sino más bien se nos ha encargado distribuirlas, como lo hicieron los discípulos con los panes y los peces. No liberamos a nadie, no reconciliamos a nadie con Dios. La obra ya ha sido hecha. La reconciliación está acabada. La salvación es completa. ¡Terminada! Pero, sin embargo, Dios nos usa; usa nuestras oraciones para concretar estas cosas.

DUTCH SHEETS

EN NUESTRA ORACIÓN DIARIA:

- Recordemos que Cristo es el único, el principal y exclusivo mediador entre nosotros y Dios el Padre.
- Oremos «en el nombre de Jesús», pidiendo que interceda por nosotros.
- Intercedamos por otros. Al hacerlo, estaremos representando a Cristo y la obra que él ha acabado.

ELECCIONES APRESURADAS

Ya sea que te desvíes a la derecha o a la izquierda, tus oídos percibirán a tus espaldas una voz que te dirá: «Éste es el camino; síguelo».

Isaías 30:21

En ocasiones observamos a nuestros amigos o parientes pedirle al Señor un consejo sobre qué decisión tomar, para luego encaminarse en la dirección que se les antoja, sin esperar la respuesta de Dios. Muchas veces nosotros también hacemos lo mismo. La experiencia nos muestra que esta impaciencia pocas veces es productiva.

Dios dice: «Espera». Si le damos la oportunidad, él nos dará la sabiduría para encaminarnos en la dirección que ha elegido para nosotros. Esta es la clave para todas las decisiones que nuestros parientes, amigos y nosotros mismos tengamos que tomar: esperar pacientemente la respuesta de Dios en vez de tomar decisiones apresuradas de las que más tarde podríamos arrepentirnos.

S.M.H.

EN NUESTRA ORACIÓN DIARIA:

- Pidamos a Dios que nuestros amigos recuerden la soberanía de Dios.
- Intercedamos por la paciencia que deben tener para esperar la respuesta de Dios cuando buscan su dirección.
- Pidamos a Dios que los llene de fuerza para cumplir su voluntad.

UNA MANO AMIGA

Ama a tu prójimo como a ti mismo. Yo soy el SEÑOR.

LEVÍTICO 19:18

A lo largo del vasto continente asiático circula un rumor: «Si vas a los Estados Unidos y necesitas ayuda debes buscar un edificio con una cruz; las personas de ese lugar te ayudarán». Cientos de estudiantes llegan del extranjero para estudiar en los Estados Unidos y descubren que ese rumor es cierto: los ministerios paraeclesiásticos les tienden una mano amiga. Hay una organización cerca de los grandes campus universitarios que ayuda a los estudiantes extranjeros a encontrar casa, muebles y enseres. Allí también les ofrecen clases de estudio bíblico, como un medio para que esos estudiantes extranjeros perfeccionen su inglés. En el proceso, estos alumnos oyen el evangelio, algunos de ellos por primera vez.

S.M.H.

EN NUESTRA ORACIÓN DIARIA:

- Oremos por los ministerios paraeclesiales dirigidos a estudiantes extranjeros: necesitan personal, apoyo y creatividad.
- Oremos por los estudiantes que se acercan pidiendo ayuda a esos misioneros norteamericanos: necesitan abrir sus corazones para oír el evangelio.

ENSIMISMADOS

Peleen por sus hermanos, por sus hijos e hijas,
y por sus esposas y sus hogares.

NEHEMÍAS 4:14

«La pasión púrpura» abrió sus puertas al lado de un centro de estudios secundarios. No había carteles que anunciaran la inauguración. El dueño no quería que su librería para adultos llamara la atención por temor a las represalias. Pero no necesitaba preocuparse, ya que nadie se presentó a la audiencia citada por la comisión de ordenamiento urbano ni tampoco cuestionó esta violación a las normas de moral y buenas costumbres. La gente estaba tan preocupada por sus propios asuntos que ni se dio cuenta de los cambios que se estaban produciendo en el barrio.

En una entrevista posterior a la audiencia, un funcionario de la comisión de ordenamiento urbano afirmó: «Si al menos alguien se hubiera quejado, podríamos haber impedido la apertura. Pero la única persona presente en la audiencia era el propietario del negocio. ¿Qué podíamos hacer?»

S.M.H.

EN NUESTRA ORACIÓN DIARIA:

- Averigüemos los nombres de los funcionarios encargados del ordenamiento urbano de nuestra área. Oremos por cada uno de ellos.
- Oremos por las audiencias y por las decisiones que allí se toman.
- Pidámosle a Dios que nos abra los ojos para ver cómo podemos evitar la propagación del mal y la proliferación de la indecencia en nuestro barrio.

EL DESTINO ETERNO DE CHECHENIA

[La salvación] no procede de ustedes, sino que es el regalo de Dios, no por obras, para que nadie se jacte.

EFESIOS 2:8-9

La república de Chechenia está ubicada en la ladera norte de las montañas del Cáucaso. Desde que comenzó a luchar por su independencia comenzaron las hostilidades con Rusia, y muchos chechenos han sido muertos o desterrados de sus hogares. La mayoría de los chechenos son musulmanes suníes que creen que conseguirán la vida eterna mediante la acumulación de buenas obras para compensar las malas. Los hombres justos tienen un lugar garantizado en el Paraíso, pero las mujeres tienen pocos derechos y temen lo que les pueda pasar después de la muerte.

EN NUESTRA ORACIÓN DIARIA:

- Pidamos a Dios que abra los ojos de los chechenos para que puedan recibir el regalo de la salvación.
- Oremos para que los niños chechenos tengan la oportunidad de oír el evangelio y alcanzar certeza con respecto a su destino eterno.
- Intercedamos para que haya voluntarios dispuestos a llevar el amor de Dios a Chechenia.

PERDÓN CONSTANTE

Si confesamos nuestros pecados, Dios, que es fiel
y justo, nos los perdonará y nos limpiará
de toda maldad.

1 Juan 1:9

Cuando confesamos a Dios nuestros fracasos, él está dispuesto a ofrecernos su perdón. Podemos tener esta certeza. Él no se negará a perdonarnos aun cuando hayamos cometido otros errores. Sin embargo, puede haber momentos en que no nos sentimos perdonados, momentos en los que creemos haber cruzado una línea invisible, que ha ocasionado que Dios se hartara de nosotros. Sin embargo, la Biblia nos asegura que a diferencia de nuestros sentimientos, que son pasajeros, el perdón de Dios es constante y permanente. Si confesamos nuestros pecados, él los perdonará. Es una promesa con garantía. ¡Y podemos anunciarla a otros también!

S.M.H.

EN NUESTRA ORACIÓN DIARIA:

- Busquemos la misericordia de Dios cuando hemos pecado. Oremos para que Dios nos ilumine mientras examinamos nuestro corazón.
- Recibamos la purificación profunda de Dios. Dejemos que lave nuestra alma y nos llene de su santidad.
- Pidámosle que nos proteja de la tentación de dudar de su perdón.

EL TEMPLE DE MICAÍAS

Pero Micaías repuso: «Tan cierto como que el SEÑOR vive,
te juro que yo le anunciaré al rey
lo que Dios me diga».

2 CRÓNICAS 18:13

¡Ah! ¡Si pudiéramos tener el coraje y el temple de Micaías! ¡Si pudiéramos pararnos ante reyes y escépticos y anunciar la verdad de Dios! ¿Cuántas veces capitulamos, «doramos la píldora», y tranquilizamos a los demás con nuestras palabras, porque queremos caer bien y ser aceptados? Si bien hay momentos en los que cabe emitir palabras tranquilizadoras y de consuelo, también hay momentos en los que necesitamos denunciar las injusticias, aun a costa de ser rechazados. Micaías sabía bien cuándo hablar y qué decir, porque sus palabras se regían por un criterio divino. ¿Nos regimos así nosotros?

S.M.H.

EN NUESTRA ORACIÓN DIARIA:

- Pidamos a Dios discernimiento para saber cuándo hablar y cuándo permanecer en silencio.
- Oremos para tener el coraje de Micaías para denunciar con valentía las injusticias y las conductas infieles.
- Decidamos medir nuestras palabras con el mismo criterio divino que tuvo Micaías.

BENDITA UNIÓN

Ámense los unos a los otros con amor fraternal,
respetándose y honrándose mutuamente.

ROMANOS 12:10

Uno de los más grandes desafíos del matrimonio es aprender a vivir con otra persona. Demasiado a menudo tratamos a los extraños con más bondad que a nuestra propia pareja. Si tomamos un tiempo para recordar los momentos previos a nuestra boda, podríamos revivir el entusiasmo, las expectativas y el gozo que sentíamos por nuestro compañero o compañera. Cuando nos casamos, optamos por amarnos el uno al otro durante toda la vida. Necesitamos renovar esa elección todos los días. Necesitamos ver el Espíritu de Dios en el otro y responder a ese Espíritu en amor. También tenemos que honrarnos y bendecirnos todos los días: de palabra y de hecho.

S.M.H.

EN NUESTRA ORACIÓN DIARIA:

- Busquemos el momento para orar juntos y agradecer a Dios por la vida de nuestra pareja.
- Oremos por las mutuas necesidades.
- Pidamos a Dios que bendiga nuestro matrimonio con abundante amor y perdón.
- Si no somos casados, pidamos la bendición de Dios para el matrimonio de algún pariente o de un amigo.

INSTITUCIOES EDUCATIVAS CRISTIANAS

El SEÑOR dice: «Yo te instruiré, yo te mostraré el camino que debes seguir; yo te daré consejos y velaré por ti».

SALMO 32:8

Hace décadas que existen escuelas primarias y secundarias cristianas. Es más, los orígenes de las universidades cristianas se remontan a la fundación de nuestro país (Estados Unidos). Algunas de nuestras más prestigiosas universidades comenzaron como escuelas bíblicas y seminarios.

Sin embargo, la influencia mundana y la filosofía secular han hecho estragos en estas instituciones de educación superior. Muchos colegios cristianos han tenido que bajar sus estándares y dejar de impartir ciertos cursos debido a la presión de los grupos de derechos civiles.

Las universidades y colegios universitarios cristianos necesitan que nos mantengamos vigilantes, que los apoyemos financieramente y que oremos por ellos. Si no apuntalamos estas instituciones, podríamos perderlas.

S.M.H.

EN NUESTRA ORACIÓN DIARIA:

- Agradezcamos a Dios por las universidades que se mantienen fieles a sus principios cristianos con firmeza.
- Pidamos la bendición de Dios sobre los decanos y catedráticos de estas facultades.
- Pidamos a Dios que envíe estudiantes comprometidos con la educación superior y la ética cristiana.

CIUDADES LIMPIAS

Todo tiene su momento oportuno… un tiempo para guardar, y un tiempo para desechar.

ECLESIASTÉS 3:1, 6

Durante una reciente huelga que realizaron los trabajadores de la limpieza pública, las imágenes en la televisión mostraban montañas de residuos en todas las calles de Nueva York. El calor y la humedad convirtieron esa basura en hediondos focos que apestaban el olfato de las personas cuando salían de sus casas. Al terminar la huelga, los trabajadores estuvieron días esforzándose por retirar las pilas de basura.

Los que vivimos en áreas rurales somos responsables de deshacernos de nuestros propios residuos. En cambio, los habitantes de la ciudad dependen de los recolectores de basura para mantener la limpieza de su barrio. Sin este servicio dedicado, las ratas y las enfermedades se propagarían por nuestras ciudades. Encontremos la ocasión para darles las gracias.

S.M.H.

EN NUESTRA ORACIÓN DIARIA:

- Consideremos a los trabajadores encargados de la higiene pública como una bendición de Dios.
- Oremos por la seguridad de los recolectores de residuos, mientras circulan entre el tráfico colgados de los camiones.
- Pidámosle a Dios que nos brinde la oportunidad de agradecer a los recolectores de residuos.

LOS ESPÍRITUS DE ZIMBAWE

*Los que eran atormentados por espíritus malignos
quedaban liberados.*

LUCAS 6:18

Zimbawe es famosa por sus paisajes espectaculares, sus cataratas caudalosas, y uno de los lagos artificiales más grandes del mundo. Cada día la tensión racial se incrementa en este territorio, y muchas personas pasan hambre o sufren el desempleo, especialmente los miles de refugiados de las naciones vecinas que están en guerra. Si bien el cristianismo está permitido en Zimbawe, muchas personas todavía viven bajo el dominio de jefes tribales, electos por ritos espiritistas. El pueblo de Zimbawe necesita liberarse del poder de los espíritus malignos.

EN NUESTRA ORACIÓN DIARIA:

- Pidamos a Dios que conceda a los cristianos de Zimbawe las fuerzas para mantenerse firmes frente a la adoración espiritista.
- Oremos para que la tensión racial ceda y las diferentes tribus y etnias de Zimbawe puedan vivir en armonía.
- Intercedamos por los misioneros y trabajadores nacionales que sirven entre los pobres, los desempleados y los refugiados.

EL DECRETO REAL

*El Señor Todopoderoso ha jurado:
«Tal como lo he planeado, se cumplirá; tal como
lo he decidido, se realizará».*

ISAÍAS 14:24

En el Imperio Persa, una vez que un decreto era sellado con el anillo real, este no podía ser revocado. Las palabras que Dios ha emitido son más poderosas que cualquier decreto real. Basta un dicho de su boca para establecer autoridades y derribar reinos. Su palabra ha dado forma a todas las cosas que hay en la creación; y ella también ha anunciado el regalo de la salvación a quienes creen en Cristo. Y nos promete ahora la fuerza para enfrentar los problemas de esta vida, y una eternidad en los cielos. Las palabras de Dios son poderosas, transforman vidas y son irrevocables. Creamos lo que Dios nos dice, y seamos agradecidos.

S.M.H.

EN NUESTRA ORACIÓN DIARIA:

- Reflexionemos sobre las promesas de Dios, para que resulten de consuelo, sanidad, fuerza, guía y paz para nuestros corazones.
- Reclamemos las promesas de provisión, protección y presencia de Dios en nuestras vidas.
- Gocémonos en sus palabras de perdón, seguridad, misericordia y gracia.

SOLOS EN EL DESIERTO

Pon tu esperanza en el SEÑOR; ten valor, cobra ánimo;
¡pon tu esperanza en el SEÑOR!

SALMO 27:14

Dios ¿dónde estás? ¿Estás jugando a las escondidas conmigo, o tus propósitos son más grandes que mi percepción? Me siento solo, perdido y abandonado.

Te mostraste a Abraham, Isaac y Jacob. Cuando Moisés quiso conocer tu apariencia, te le apareciste. ¿Por qué, entonces, no te me revelas?

Estoy cansado de orar... de pedir... de esperar. Pero seguiré orando, pidiendo, y esperando, porque no tengo ningún otro lugar adonde ir. No comprendo, pero sé que tú estás ahí para hacerme bien.

RICHARD FOSTER

EN NUESTRA ORACIÓN DIARIA:

- Que esta sea la oración que elevemos cuando atravesemos por un desierto en nuestra vida.
- Recordemos que la confianza es un paso previo a la fe; así que confiemos y esperemos en Dios para nuestro bien.
- Debemos saber que el desierto no es una situación permanente; ya llegará el tiempo de la revelación y el descanso.

HIJOS ÍNTEGROS

Yo sé que tú amas la verdad en lo íntimo; en lo secreto me
has enseñado sabiduría.

SALMO 51:6

Todos los padres queremos creer que nuestros hijos son sinceros. Cuando descubrimos que uno de ellos nos ha estado engañando, nos sentimos devastados. Señor, ayuda a mis hijos a sentir que te complacen cuando dicen la verdad y a recordar que aborreces la mentira (Proverbios 12:22). Que sientan la libertad de tu Espíritu cuando perseveran en la verdad (Juan 8:32): de tal modo que consideren la recompensa pasajera de una mentira como barata y vacía, ya que eso precisamente es. Amén.

DAVID Y HEATHER KOPP

EN NUESTRA ORACIÓN DIARIA:

- Oremos para que nuestros hijos aprendan que Dios quiere que la verdad resida en sus corazones (Salmo 51:6).
- Pidamos la protección de Dios sobre nuestros hijos en medio de la maldad que impera (Salmo 12:2).
- Pidamos a Dios que los aliente a ser sinceros en las pequeñas cosas que hacen ahora, sabiendo que un día asumirán mayores responsabilidades (Mateo 25:21).

HASTA LOS CONFINES DE LA TIERRA

Yo te pongo ahora como luz para las naciones, a fin de que lleves mi salvación hasta los confines de la tierra.

ISAÍAS 49:6

Sobre la puerta de salida de un templo se ha colocado un cartel que reza: «Esta es la entrada al campo misionero». En tanto que muchos feligreses de nuestras congregaciones comparten el evangelio con las familias del barrio, los amigos, y los compañeros de trabajo, otros viajan al extranjero para llevar las buenas nuevas de Cristo. Estos misioneros deben enfrentar diariamente los desafíos de la vida y sobrellevar las dificultades de vivir en medio de una cultura extraña. Los mensajeros de Dios en el extranjero necesitan de nuestro apoyo personal y de nuestra intercesión todos los días.

S.M.H.

EN NUESTRA ORACIÓN DIARIA:

- Oremos por alguna familia misionera, enviada por nuestra iglesia, que esté viviendo en el extranjero. Conozcamos los nombres de sus integrantes, el lugar donde se encuentran y las tareas que realizan.
- Oremos por las necesidades específicas mencionadas en las cartas que envían.
- Los misioneros en el extranjero son como nosotros. Los problemas que enfrentamos hoy pueden ser los mismos que preocupan también a algunos de los misioneros. Pidámosle a Dios que resuelva tanto nuestros problemas como los de ellos.

AMA A TU PRÓJIMO

Ama a tu prójimo como a ti mismo.

MATEO 19:19

¿Cuántas veces nos presentamos ante Dios con nuestra lista de necesidades y limitaciones? Probablemente, muy a menudo. Pero esta vez, nuestro aparente egoísmo puede resultar provechoso. Como Jesús nos mandó amar a nuestro prójimo como a nosotros mismos, una manera concreta de hacerlo es orar por nuestro prójimo de la misma manera en que oramos por nosotros. Podemos conversar con nuestros vecinos y preguntarles si tienen alguna necesidad específica por la que podríamos orar. Cuando pidamos la provisión y protección de Dios para nosotros y presentemos nuestras necesidades personales, pidamos también las mismas bendiciones para nuestros vecinos.

MIKE WILSON

EN NUESTRA ORACIÓN DIARIA:

- Pidamos la bendición de Dios sobre nuestro prójimo.
- Oremos para que Dios se revele a nuestro prójimo de una manera nueva y vivificante.
- Intercedamos por alguna necesidad específica que veamos en la vida de nuestro prójimo.

BUENAS NUEVAS DE LA LUZ

Porque ustedes antes eran oscuridad, pero ahora son luz
en el Señor. Vivan como hijos de luz.

EFESIOS 5:8

A fines de la década del sesenta una estación de radio en Hinche comenzó a difundir el mensaje de salvación a Haití. Por muchos años este ministerio alcanzó a los pobladores de la Planicie Central, pero un embargo a las importaciones norteamericanas silenció a Radio Lumière y su mensaje del evangelio.

Recientemente un equipo de World Gospel Mission [Misión Evangélica Mundial] regresó a Hinche, reparó la antena, instaló un sistema eléctrico a energía solar, y arregló el estudio de grabación y los equipos para poder emitir la programación nuevamente. Una vez más, la gente de Haití podrá recibir la luz de las buenas nuevas de Dios en su propio idioma.

DALE DOROTHY

EN NUESTRA ORACIÓN DIARIA:

- Pidamos a Dios que provea los fondos, los materiales y el personal necesario para Radio Lumière.
- Oremos para que Dios abra nuevas oportunidades en el cine y la televisión.
- Intercedamos por el pueblo de Haití, para que abandonen el culto vudú y la superstición y se vuelvan a Cristo.

DIOS TODO LO SABE

Así dice el SEÑOR: «...yo conozco sus pensamientos».
EZEQUIEL 11:5

Dios no se fija solo en nuestras acciones; no toma en cuenta simplemente las apariencias. Dios ve lo que pasa por nuestra cabeza, mira dentro de nosotros. No necesita que le digamos lo que estamos pensando: él ya lo sabe. Puede leer nuestro interior. Él conoce la concepción que tenemos de las cosas, cada imaginación, cada pensamiento. Él sabe cómo serán nuestras ideas aún antes de que se nos ocurran, y sabe cómo serán los pensamientos que aún no hemos elaborado. Él lo ve todo, todas las partículas, cada uno de los átomos.

CHARLES H. SPURGEON

EN NUESTRA ORACIÓN DIARIA:

- Pidamos a Dios que purifique nuestros deseos y que él satisfaga todas nuestras necesidades.
- Oremos para que el propósito de nuestra vida sea cumplir la voluntad de Dios, sin distraernos con las riquezas, los caminos fáciles y las opiniones de otros.
- Tomemos la resolución de caminar en rectitud, y que todos nuestros pensamientos estén bajo el dominio de Dios.

DE A POCO

La serpiente … le preguntó a la mujer: «¿Es verdad que Dios les dijo que no comieran de ningún árbol del jardín?»

GÉNESIS 3:1

Así como el labrador cava lentamente alrededor de las raíces de un árbol dejándolas al descubierto para que, vencido por su propio peso, el árbol caiga; Satanás va socavando alrededor de las convicciones de nuestro corazón de a poco. Él no le dijo a Eva: «Prueba la manzana». No. Él realizó un trabajo sutil. Le hizo una pregunta: «¿Es verdad que Dios les dijo…?» "Vamos, Eva, debes estar equivocada: Dios no puede haber provisto esta abundancia y prohibido que coman de uno de los mejores árboles del jardín". Esa pregunta poco a poco, la hizo dudar. Entonces, ella tomó el fruto y lo comió.

THOMAS WATSON

EN NUESTRA ORACIÓN DIARIA:

- Pidámosle a Dios que nos ayude a ser conscientes de los primeros intentos de Satanás para hacernos caer en la tentación.
- Pidamos la ayuda de Dios para oponernos al mal desde el principio.
- Decidamos fortalecer nuestro corazón en Cristo mediante el estudio bíblico y la oración diarios.

EJEMPLOS DE VIDA

*Instruye al niño en el camino correcto, y aun en su vejez
no lo abandonará.*

PROVERBIOS 22:6

La tarea de enseñar a los niños es un enorme compromiso. Como padres, nuestra responsabilidad es conocer a los maestros de nuestros hijos y saber qué les están enseñando. Los líderes de jóvenes, maestros de Escuela Dominical, tutores, maestros de escuela y entrenadores desempeñan un papel importante en la educación de nuestros pequeños. Si bien los padres son el principal modelo para ellos, los maestros ejercen una influencia preponderante en la formación de sus vidas. Debemos elegir cuidadosamente las personas que serán nuestros modelos sustitutos en la vida de nuestros hijos, pues tendremos que vivir bajo la ascendencia que ellos ejerzan durante muchos años.

S.M.H.

EN NUESTRA ORACIÓN DIARIA:

- Oremos pidiendo fortaleza para continuar siendo un buen ejemplo en la vida de nuestros hijos.
- Pidamos a Dios que provea maestros que constituyan buenos ejemplos para nuestros niños.
- Alegrémonos del buen liderazgo cristiano del que nuestros hijos ya gozan.

PENSEMOS EN LOS QUE NO TIENEN TECHO

Jesús dijo: «Les aseguro que todo lo que hicieron por uno de mis hermanos, aun por el más pequeño, lo hicieron por mí».

MATEO 25:40

Resulta sencillo pasar por alto lo que no vemos todos los días. Es muy común desatender lo que no tenemos presente y con mucha facilidad podemos ignorar a los demás. Pero Dios quiere que nos interesemos y nos preocupemos por los menos afortunados. En muchas de nuestras comunidades existen refugios para los que no tienen techo o comedores para los necesitados, pero a estos lugares les suele hacer falta alimento, ropa y voluntarios. Dios quiere que pensemos en los desamparados no solo el día de Acción de Gracias o cuando llega Navidad, sino todos los días del año.

CONOVER SWOFFORD

EN NUESTRA ORACIÓN DIARIA:

- Oremos por los que no tienen techo en nuestra comunidad. Pidamos a Dios que les provea un lugar seguro donde vivir.
- Oremos para que Dios provea fondos y personal para los refugios y ollas populares que sirven a los que no tienen techo.
- Oremos para tener oportunidad de mostrar el amor de Dios, ofreciéndonos para servir como voluntarios en algún refugio para los que no tienen techo o en algún comedor para necesitados.

ESTATUTOS DE LA CASA REAL

Porque el Señor da la sabiduría; conocimiento y ciencia brotan de sus labios.

Proverbios 2:6

Algunas personas evitan la política, tanto las discusiones como la participación activa, porque les resulta perturbadora. No obstante, Daniel tenía otra visión. En el Imperio Medo-Persa, una vez que un decreto había sido firmado por el rey, no podía ser revocado. Daniel era uno de los consejeros del rey y le recomendaba qué leyes decretar. Un día, sin el consejo de Daniel, el rey puso su sello en una perversa legislación y Daniel terminó en el foso de los leones.

S.M.H.

EN NUESTRA ORACIÓN DIARIA:

- Oremos para que Dios conceda a los legisladores la habilidad de prever la repercusión que tendrán sus decisiones.
- Recordemos las políticas que tienen una aprobación pendiente en el parlamento de nuestra ciudad. Oremos para que Dios, en su misericordia, permita que solo se aprueben las beneficiosas.
- Pidamos la bendición de Dios sobre los legisladores. Necesitan sabiduría, integridad y valores acordes con la voluntad de Dios.

UNA BOMBA DE TIEMPO

Dichosos ustedes cuando los odien ... por causa del Hijo del hombre.

LUCAS 6:22

Argelia se independizó de Francia en 1962, después de una cruenta guerra por su liberación. Un solo partido ha ocupado el poder desde entonces, imponiendo un régimen socialista. Debido a los fracasos económicos y abusos políticos de quienes están al frente del país, Argelia se ha convertido en una bomba de tiempo. El gobierno ha alentado activamente el desarrollo de un estado socialista árabe-islámico, y ha prohibido la proclamación del evangelio. En los últimos años, los cristianos argelinos han sufrido una persecución más intensa por parte de algunos miembros de los grupos musulmanes extremistas. Por esa razón los creyentes deben reunirse en secreto para no resultar víctimas de las intimidaciones de parientes y amigos.

EN NUESTRA ORACIÓN DIARIA:

- Oremos para que se relaje la oposición al evangelio en Argelia.
- Pidamos a Dios que sustituya al presente gobierno argelino para que haya libertad religiosa y moderación política en ese país.
- Intercedamos para que los cristianos argelinos tengan valor para transmitir su fe y llevar a otros a Cristo, a pesar de la persecución y la intimidación.

SANTO, PERO ACCESIBLE

*Así que acerquémonos confiadamente al trono
de la gracia para recibir misericordia y hallar
la gracia que nos ayude en el momento
que más la necesitemos.*

HEBREOS 4:16

Posiblemente la mayoría de nosotros nunca seamos invitados a la Casa Blanca para sentarnos a conversar con el presidente. Es más, generalmente, ni siquiera tenemos acceso al despacho de un representante estatal sin concertar una cita con meses de antelación. Tampoco es muy factible que nos entrevistemos con el pastor de la iglesia si acudimos a su oficina sin previo aviso. En cambio Dios, el Creador del universo, nos dice que podemos acercarnos a él en cualquier momento, por cualquier motivo, y que él nos recibirá. Él es santo, pero a la vez se mantiene accesible a nosotros.

S.M.H.

EN NUESTRA ORACIÓN DIARIA:

- Agradezcamos a Dios el libre acceso que nos ha concedido para acercarnos a él en oración.
- Pidamos perdón con humildad por no honrar a Dios como deberíamos.
- Alegrémonos porque Dios se interesa en nuestros planes, en nuestras preocupaciones y en nuestra vida.

¿POR QUÉ? Y ¿POR QUÉ NO?

*Confío en Dios y alabo su palabra; confío en el SEÑOR y
alabo su palabra; confío en Dios y no siento miedo. ¿Qué
puede hacerme un simple mortal?*

SALMO 56:10-11

Los israelitas habían sido liberados milagrosamente de la
esclavitud. Habían caminado por el fondo seco del Mar
Rojo. Sin embargo, pocas semanas después, estaban desanimados y hambrientos. Las dificultades no les permitían ver la
tierra prometida, así que los israelitas comenzaron a quejarse:
«¿Por qué?» Y murmuraron diciendo que deseaban regresar a
Egipto. A menudo, cuando nos sentimos desanimados, nos
hacemos eco de este clamor lleno de dudas. Si bien desearíamos «regresar» a nuestro confortable lugar, tendríamos que
dejar de lado una pregunta desalentadora, «¿Por qué?», y susti-
tuirla por otra, «¿Por qué no?» Si servimos al Dios Todopoderoso que siempre lleva a cabo sus planes, ¿por qué no
confiar en que él los cumplirá esta vez?

S.M.H.

EN NUESTRA ORACIÓN DIARIA:

- Confesemos que tenemos certeza en la soberanía de
  Dios, a pesar de las circunstancias.
- Concentrémonos en el plan de Dios para nuestra vida.
- Confiemos en la promesa de Dios de estar siempre con
  nosotros y guiarnos seguros a nuestro hogar.

DINERO, DINERO, DINERO

Así que no se preocupen diciendo: «¿Qué comeremos?» o
«¿Qué beberemos?» o «¿Con qué nos vestiremos?» Más bien,
busquen primeramente el reino de Dios y su justicia, y todas
estas cosas les serán añadidas.

MATEO 6:31,33

¡Con cuánta frecuencia nos quejamos de nuestros problemas económicos! La preocupación aumenta si tenemos que mantener también a nuestra familia extendida. Actuamos como si preocupándonos por nuestras dificultades económicas ganáramos algo. De esta manera damos la impresión de que creemos que Dios puede encargarse de todo menos de nuestro dinero.

Nuestros amigos, muchas veces, también siguen ese falso razonamiento. Sin embargo, la Biblia nos alienta a ser buenos administradores de los dones de Dios y a confiarle todo a él, incluso nuestro dinero. Así como los niños pequeños confían en que sus padres cubrirán sus necesidades, nosotros y nuestros amigos deberíamos confiar en nuestro Padre celestial: él también se encargará de nuestras necesidades.

S.M.H.

EN NUESTRA ORACIÓN DIARIA:

- Confiemos a Dios las necesidades económicas y las preocupaciones de nuestros amigos.
- Pidamos a Dios que nos ayude a ser de bendición para nuestros amigos mientras atraviesan dificultades económicas.
- Agradezcámosle a Dios porque bendice, cuida y provee a nuestros amigos.

MINISTERIO A LOS OLVIDADOS

Necesité ropa, y me vistieron; estuve enfermo, y me
atendieron; estuve en la cárcel, y me visitaron.

MATEO 25:36

Hace unos años, un hombre que no cumplió la ley fue puesto en prisión. Estaba amargado y resentido, pero los miembros de su iglesia comenzaron a orar por él y a visitarlo. Dos años después de su sentencia, el resentimiento se desvaneció y el joven depositó su confianza en Jesús. Se convirtió en un embajador de Dios en la prisión y obtuvo permiso para comenzar un estudio bíblico con los presos. La vida de este joven fue transformada gracias a un grupo de la iglesia que se interesó en ministrar a alguien que podría haber sido muy fácilmente olvidado.

CONOVER SWOFFORD

EN NUESTRA ORACIÓN DIARIA:

- Recordemos a quienes ministran fielmente en las prisiones: a los capellanes y a los laicos.
- Pidámosle a Dios que levante voluntarios para trabajar con los presos, que puedan enseñarles algún oficio útil para esos convictos al momento de salir libres.
- Oremos para que Dios mueva los corazones de los presos y se vuelvan a él por la fe.

EL GOBIERNO DE LA CIUDAD

Las autoridades están al servicio de Dios, dedicadas
precisamente a gobernar.

ROMANOS 13:6

¿Podemos mencionar por nombre a los concejales de nuestra ciudad? ¿Sabemos quién es el intendente o administrador de nuestro municipio? Estas personas están encargadas del normal funcionamiento de los departamentos municipales y velan sobre los asuntos de interés público, como por ejemplo, que las aceras estén preparadas para el tránsito de los discapacitados o que los empleados municipales cobren sus sueldos en fecha. Pero estos funcionarios públicos enfrentan los mismos problemas que nosotros. Si alguien en su familia se enferma, deben dividir su atención entre la familia y sus responsabilidades civiles. Deberíamos tratarlos como desearíamos ser tratados por ellos: eso incluye el orar por ellos.

S.M.H.

EN NUESTRA ORACIÓN DIARIA:

- Presentemos ante Dios a cada uno de los concejales de nuestra ciudad. Pidamos que Dios les de sabiduría a cada uno de ellos.
- Intercedamos por el Concejo Municipal y las comisiones de fomento para que Dios guíe sus discusiones y decisiones.
- Pidamos la bendición de Dios sobre nuestra ciudad y sobre los líderes municipales: en su vida personal y en la vida pública.

UN MENSAJE
CONTRADICTORIO

*No sigas a esos dioses de los pueblos que te rodean, pues el
SEÑOR tu Dios está contigo y es un Dios celoso; no vaya a
ser que su ira se encienda contra ti y te borre de la faz de
la tierra.*

DEUTERONOMIO 6:14-15

Samoa Occidental es una hermosa nación situada en una
isla del Pacífico Sur. Todos los días, al atardecer, suenan las
campanas llamando a los samoanos a un momento de
oración, canto y lectura de la Biblia. La mayoría de los
samoanos dicen ser cristianos, adoran a Dios varias veces a la
semana y concurren a las reuniones matutinas de oración.
Pero, lamentablemente, muchos samoanos han mezclado el
mensaje del evangelio con el mormonismo y antiguas costumbres de culto a espíritus malignos. El cristianismo es apenas una parte de su cultura, y no una relación personal
significativa con el Salvador.

EN NUESTRA ORACIÓN DIARIA:

- Pidamos a Dios que ayude a los cristianos fieles de
  Samoa a denunciar los mensajes contradictorios a la fe
  que han aceptado prestamente.
- Oremos para que los líderes de la iglesia en Samoa
  Occidental pongan a la Palabra de Dios en su merecido
  sitio de respeto.
- Oremos pidiendo que Dios frene el crecimiento del mor-
  monismo.

ÉL ESTÁ EN TODO LUGAR

Y así estará con ustedes el SEÑOR Dios Todopoderoso.

AMÓS 5:14

¿Qué inferencias hacemos a partir de la afirmación de que Dios está en todas partes? Si creemos que Dios está a nuestro lado cuando nos acostamos y nos acompaña en nuestra senda, y que observa todos nuestros caminos, tengamos cuidado de no decir una sola palabra, de no cobijar el más insignificante pensamiento, que pueda ofenderlo. Que nuestros caminos sean aprobados por sus ojos omnipresentes, para que pueda decirnos en lo íntimo lo que luego proclamará en la gran asamblea de hombres y ángeles: «¡Hiciste bien, siervo bueno y fiel!» (Mateo 25:21.)

JUAN WESLEY

EN NUESTRA ORACIÓN DIARIA:

- Esperemos gozosos que el Dios omnipresente nos guíe en todos nuestros caminos.
- Confiemos en que nos sostendrá en las palmas de su mano.
- Confiemos en su promesa de establecer, fortalecer y afirmar nuestra fe.

HEREDEROS DEL REINO

*Y si somos hijos, somos herederos; herederos de Dios y
coherederos con Cristo.*

ROMANOS 8:17

A veces a los padres se les hace cuesta arriba lograr que sus
hijos den lo mejor de sí para llegar lo más lejos posible.
Muy a menudo los niños prefieren optar por el camino del
menor esfuerzo. Pero los buenos padres saben que es su
responsabilidad ayudar a sus hijos a fijarse metas y cumplir-
las.

Nuestro Padre celestial nos ayuda a nosotros, sus hijos
«espirituales», a crecer y aprender. Hay días en que seguimos
su dirección y otros en los que andamos por nuestra cuenta.
Pero Dios no se da por vencido con nosotros. Somos
herederos de su reino. Quiere que avancemos y seamos cada
vez más semejantes a él.

S.M.H.

EN NUESTRA ORACIÓN DIARIA:

- Pidamos a Dios que nos muestre las metas que debemos
  tener en nuestra vida.
- Confiemos en él aun cuando sus caminos y propósitos
  parezcan inciertos.
- Regocijémonos en nuestra categoría de hijos de Dios,
  reconozcamos los derechos y obligaciones que tiene un
  heredero de su reino.

BENDÍCELOS... ¡CON ABUNDANCIA!

Una vez terminado el ciclo de los banquetes, Job se aseguraba de que sus hijos se purificaran. Muy de mañana ofrecía un holocausto por cada uno de ellos.

JOB 1:5

Imaginemos por un momento a Job. Cuando sus hijos pasaban toda la noche de fiesta, él se levantaba al rayar el alba para ofrecer sacrificio por cada uno de los diez jóvenes. ¿Podemos verlo parado frente al altar encendiendo el fuego? Probablemente sus hijos estaban todavía en la cama, los criados preparaban el desayuno, y Job, de pie ante el altar, decía estas palabras: «No sé si mis hijos han dicho o hecho algo que te haya ofendido, Señor. Son buenos muchachos. Perdónalos y bendícelos… ¡con abundancia!» Job estaba lo suficientemente preocupado por sus hijos como para pedirle a Dios que los perdonara y los bendijera. ¡Qué ejemplo para nosotros!

S.M.H.

EN NUESTRA ORACIÓN DIARIA:

- Hablémosle a Dios acerca de nuestros hijos. Mencionémoslos por sus nombres.
- Pidamos que nuestros hijos se arrepientan de los pecados que cometieron por ignorancia y de los pecados hechos «a propósito».
- Pidamos la bendición de Dios sobre nuestros hijos, ¡todos los días!

ONDAS RADIALES

*Así que la fe viene como resultado de oír el mensaje, y el
mensaje que se oye es la palabra de Cristo.*

ROMANOS 10:17

Las ondas radiales pueden llegar a lugares donde las personas no tienen acceso. Muchos de los programas cristianos de radio se transmiten en países donde los esfuerzos
misioneros tradicionales están prohibidos por restricciones
locales o gubernamentales. En las oficinas de Radio
Transmundial (HCJB, Heralding Christ Jesús Blessing) en
Quito, Ecuador, hay un cartel luminoso en donde figuran los
lugares que han sido alcanzados con los programas de evangelización por radio. Clavadas en una cartelera se exhiben las
cartas de los oyentes, algunas contrabandeadas desde países
hostiles al evangelio, para que todos los que visitan la emisora
recuerden que la Palabra de Dios transforma vidas.

S.M.H.

EN NUESTRA ORACIÓN DIARIA:

- Recordemos el ministerio de HCJB y de otras estaciones
  de radio similares que propagan el mensaje del evangelio
  por el mundo.
- Pidamos a Dios que provea el personal, equipo y apoyo
  necesarios para mantener estas emisoras en el aire.
- Confiemos en la promesa de Dios de que su palabra llegará a los corazones receptivos.

SERVICIOS DE MINORIDAD Y FAMILIA

¡Cuán bueno y cuán agradable es que los hermanos convivan en armonía!

SALMO 133:1

En nuestra sociedad, el sistema que se ocupa de minoridad y familial tiene mala fama. Los medios de comunicación han divulgado historias de abusos en hogares adoptivos, atrocidades en los juzgados de familia y niños maltratados por los asistentes sociales; manchando así el buen nombre de todos los colaboradores de servicios asistenciales. Pero, la gran mayoría de las personas que trabajan allí se esfuerzan por hacer del Salmo 133 una realidad en la vida de muchas familias sufridas, enseñándoles a convivir en armonía para que cada hogar sea un lugar mejor y más seguro para los niños.

S.M.H.

EN NUESTRA ORACIÓN DIARIA:

- Oremos por nuestro país, para que las familias deseen cambiar y busquen la voluntad de Dios en sus vidas.
- Pidamos a Dios que nos muestre cómo ayudar a alguna familia que esté sufriendo en nuestra localidad.
- Oremos para que Dios conceda al personal asignado a los servicios de minoridad y familia la fortaleza moral y emocional necesaria para llevar a cabo su labor todos los días.

¿JUSTICIA EN MONGOLIA?

*Pero mientras mantenían a Pedro en la cárcel,
la iglesia oraba constante y fervientemente
a Dios por él.*

Hechos 12:5

Un joven médico de Mongolia conoció a Cristo a través
de las transmisiones radiales en su lengua nativa, el
kazajo. El médico fue arrestado al verano siguiente y senten-
ciado a trece años de trabajos forzados en un campo de
Mongolia occidental. La policía lo acusó de «distribuir pro-
paganda religiosa errónea» y testificar a otros acerca de Cristo.
En Mongolia solo se permiten legalmente la fe budista y el
Islam.

EN NUESTRA ORACIÓN DIARIA:

- Oremos fervientemente para que los cristianos presos en
  Mongolia sean puestos en libertad.
- Oremos para que Dios dé fuerza a los prisioneros cristianos para soportar la tortura y el acoso que padecen.
- Oremos también por los otros creyentes de Mongolia y
  por el trabajo de las emisoras radiales que alcanzan a las
  almas para Cristo.

LOS OPUESTOS SE ATRAEN

Devastaré montañas y cerros … conduciré a los ciegos por
caminos desconocidos, los guiaré por senderos
inexplorados; ante ellos convertiré en luz las tinieblas.

ISAÍAS 42:15-16

Para el hombre íntegro, lo temible de Dios constituye su seguridad. Cuando ve a Dios devastando montañas y cerros no dice: «Debo adorarlo porque de lo contrario me destruirá». Sino que declara: «Ese poder benefactor es mío». El poder de Dios se ha convertido para él en la certeza sobre la cual descansa. Así que puede afirmar: «Mi Padre tiene infinitos recursos de juicio, y todos son señales de las inescrutables riquezas de misericordia que mantienen mi corazón confiado».

JOSEPH PARKER

EN NUESTRA ORACIÓN DIARIA:

- Meditemos en las naturalezas aparentemente contradictorias de Dios: el amor y el juicio; él es el destructor y el amigo.
- No demos lugar al temor pensando de que debemos «ser buenos porque de lo contrario Dios nos aplastará». Ese es un mensaje de pecado, no de libertad.
- Regocijémonos en el portentoso poder de Dios: en la seguridad de su solaz, en su amor y en su misericordia hacia nosotros.

EXPRESIÓN DE GRATITUD

*Den gracias a Dios en toda situación, porque esta es su
voluntad para ustedes en Cristo Jesús.*

1 TESALONICENSES 5:18

Un verano llevé a mi hijo Todd al parque de atracciones
del pueblo. Disfrutamos de los juegos, al regresar a casa,
ya cansado, se durmió en el asiento trasero del auto. Un rato
después, en la carretera, me rodeó con sus brazos y me dijo:
«Papá, quiero darte las gracias por llevarme a esa feria». Sus
palabras me conmovieron tanto que tuve ganas de regresar y
¡dar una segunda vuelta! Dios es nuestro Padre y él también
se conmueve cuando le expresamos nuestra gratitud.

BILL HYBELS

EN NUESTRA ORACIÓN DIARIA:

- Agradezcamos a Dios por las obvias respuestas que
  hemos recibido a nuestras oraciones.
- Alabemos a Dios porque nos colma de bendiciones
  materiales.
- Alegrémonos por la relación que tenemos con él y por las
  bendiciones espirituales que nos da.

ROMPA LOS MALOS HÁBITOS

Que se levante Dios,
que sean dispersados sus enemigos.

SALMO 68:1

Somos soldados de la luz. Él nos ha dado su luz, nos ha dado su espada y nos ha dado su nombre. Dejémoslo brillar a través de nosotros. Empuñemos la espada láser del Espíritu. ¡Cuán destructiva es para la oscuridad su espada resplandeciente! Plantémonos espiritualmente delante de nuestros hijos rebeldes y pidamos a Dios que envíe un relámpago de sumisión sobre ellos. Iluminemos con la luz de la libertad sus adicciones, sean drogas, sexo, bebidas alcohólicas o cualquier otra cosa. Pidamos a Dios que brille con fuerza desvaneciendo oscuridad del engaño. Debemos hacer como los israelitas y llevar nosotros también la presencia y la gloria de Dios a la batalla.

DUTCH SHEETS

EN NUESTRA ORACIÓN DIARIA:

- Pidamos sin temor que Dios derrame su poder sobre nuestra familia.
- Pidamos a Dios que rompa los malos hábitos que sujetan a nuestra familia.
- Confiemos en las promesas de plenitud, fuerza y liberación que Dios nos dio para nuestra familia.

PUERTA A PUERTA

Pero cuando venga el Espíritu Santo sobre ustedes, recibirán poder y serán mis testigos tanto en Jerusalén como en toda Judea y Samaria, y hasta los confines de la tierra.

HECHOS 1:8

Jesús le dijo a sus discípulos que comenzaran a compartir el evangelio en el lugar donde estaban: Jerusalén. Los discípulos primero llevaron las buenas nuevas de Cristo a las personas que conocían: sus familiares, amigos y vecinos. Los viajes misioneros de Pablo también comenzaron cerca de su localidad natal y luego se propagaron hacia otras ciudades. Como ellos, nosotros también deberíamos comenzar a dar nuestro testimonio en el lugar donde residimos. Podemos empezar con la evangelización puerta a puerta con los vecinos que conocemos, los hogares que están a la derecha e izquierda de nuestra casa.

CONOVER SWOFFORD

EN NUESTRA ORACIÓN DIARIA:

- Exaltemos a Dios por el maravilloso mensaje que nos ha dado para compartir con otros.
- Oremos para que durante esta semana tengamos la oportunidad de compartir el evangelio con algunos de nuestros vecinos.
- Pidamos a Dios que ponga las palabras justas en nuestra boca y que prepare los corazones de quienes nos vayan a escuchar.

UN PRIVILEGIO CÍVICO

Así dice el SEÑOR Todopoderoso: «Juzguen con verdadera
justicia; muestren amor y compasión
los unos por los otros».

ZACARÍAS 7:9

Una amiga me dijo que no estaba registrada en los padrones electorales. Cuando le pregunté por qué, ella me respondió que no quería registrarse para no tener que oficiar como jurado en ningún juicio. Pues la obligación de integrar un jurado le resultaba poco conveniente, ya que le quitaría tiempo; y además le parecía muy difícil tomar la decisión final con respecto a la culpabilidad o no del acusado. Su lista de excusas era interminable. Sin embargo, ser llamados para integrar un jurado es un privilegio cívico, una nueva ocasión para aprender acerca de nuestro sistema judicial y una oportunidad para permitir que la sabiduría de Dios brille en la oscuridad. ¡La lista de privilegios también es interminable!

S.M.H.

EN NUESTRA ORACIÓN DIARIA:

- Oremos por el proceso de selección de los jurados y por la respuesta que daremos si nos llaman para integrar alguno.
- Agradezcamos a Dios las libertades garantizadas por nuestro sistema de justicia.
- Oremos para que los miembros del jurado sean honrados, escuchen atentamente, y dejen de lado los prejuicios para juzgar correctamente la verdad.

EL TERRITORIO DE SABÁ

*La reina de Sabá se enteró de la fama de Salomón, con la
cual él honraba al SEÑOR, así que fue a verlo para
ponerlo a prueba con preguntas difíciles.*

1 REYES 10:1

El reino de la reina de Sabá, al que hace alusión este pasaje,
está situado en medio del desierto árabe de Yemen. En
1990 el Yemen del Norte y el Yemen del Sur se unieron, pero
el conflicto en torno a los asuntos religiosos ha provocado ten-
siones que amenazan con destruir la endeble paz del país. El
testimonio de Cristo está limitado por restricciones gubernamentales y por la creencia islámica, generalizada, de que el
cristianismo es solo para los esclavos. Muchos yemeníes piensan que todas las naciones occidentales son cristianas; y la
conducta impropia de algunos soldados y turistas enturbia
cualquier testimonio cristiano que pudieran recibir.

EN NUESTRA ORACIÓN DIARIA:

- Intercedamos por el pueblo de Yemen para que
  reconozca la sabiduría de Dios como lo hizo la reina de
  Sabá.
- Oremos para que creyentes fieles de occidente puedan
  ocupar vacantes en los hospitales y escuelas.
- Pidamos a Dios que fortalezca y anime a los grupos
  pequeños de cristianos en Yemen, para que su fe sea una
  luz que ilumine las almas en tinieblas.

EL DIOS QUE TODO LO VE

«El Dios que me ve».

GÉNESIS 16:13

Dios nos mira como si no hubiera nadie más en el mundo a quien observar. La infinita mente de Dios puede captar millones de objetos simultáneamente y, al mismo tiempo, concentrarse en nosotros, como si fuéramos los únicos que existiéramos… puede estar tan completa y absolutamente absorto en nosotros, que parecería no reparar en otras cosas, como si fuésemos el único ser creado por sus manos. ¿Alcanzamos a comprender esto? ¡Dios nos mira plenamente a nosotros! Somos objeto de su atención en este mismo instante.

CHARLES H. SPURGEON

EN NUESTRA ORACIÓN DIARIA:

- Reflexionemos sobre la idea de que Dios nos ve completa, constante y enteramente.
- Seamos conscientes de que como nos ve, también conoce nuestras necesidades antes de que las expresemos.
- Oremos para que podamos ver como Dios ve, para que nos concentremos en lo que es importante para él.

LIBRE DE ESTRÉS

*Jesús les dijo: «Vengan conmigo ustedes solos
a un lugar tranquilo y descansen un poco».*

MARCOS 6:31

Los nadadores principiantes patalean y salpican frenéticamente, pero rara vez consiguen nadar una cierta distancia sin cansarse. Un buen nadador sabe que entre brazada y brazada el cuerpo necesita un breve descanso. No importa lo eficientes que sean los brazos y piernas del nadador, sin ese tiempo regular de descanso entre cada brazada, en el que los brazos y las piernas pueden relajarse, el nadador acaba extenuado. De la misma manera, si queremos ser eficientes tenemos que encontrar tiempo para descansar.

S.M.H.

EN NUESTRA ORACIÓN DIARIA:

- Pongamos ante Dios nuestras agendas llenas de ocupaciones y pidámosle que nos ayude a establecer prioridades.
- Escuchemos la invitación de Jesús a «descansar un poco» y sentémonos plácidamente en su presencia.
- Decidamos dejar de agregar compromisos a nuestra agenda sobrecargada, porque el agotamiento y la eficiencia son incompatibles.

CONSOLADOS CON SU TIERNO AMOR

Quien nos consuela en todas nuestras tribulaciones para que con el mismo consuelo que de Dios hemos recibido, también nosotros podamos consolar a todos los que sufren.

2 CORINTIOS 1:4

Los momentos difíciles nos definen, nos cambian, y nos permiten ver quiénes son nuestros verdaderos amigos. Todos tenemos amigos y familiares que nos apoyan a pesar de las circunstancias. Una de las maneras en las que Dios cuida de nosotros es enviándonos personas que nos sostienen. Tenemos la bendición de contar con amigos a quienes recurrir en medio de nuestras luchas, que nos acogerán y comprenderán nuestros problemas. Luego podemos devolver el tierno cuidado de Dios ayudando a otros que necesiten nuestro apoyo. El consuelo de Dios fluye hacia nosotros cuando lo necesitamos y a través de nosotros cuando otros lo necesitan.

S.M.H.

EN NUESTRA ORACIÓN DIARIA:

- Agradezcamos a Dios el apoyo cariñoso de nuestra familia y amigos.
- Recibamos el consuelo que Dios nos ofrece a través de ellos.
- Pidámosle que nos muestre cómo podemos compartir su ternura y cariño con otros.

DIVINAS ALAS DE PALOMA

*[Dice el Señor:] «Alas de paloma cubiertas de plata, con
plumas de oro resplandeciente.
Tú te quedaste a dormir entre los rebaños».*

Salmo 68:13

Parecía una gran paloma blanca. Pero este pájaro no era un
ave. Era un monoplano Cessna llevando las provisiones
necesarias para los misioneros que estaban en plena selva
amazónica.

Por muchos años la aviación misionera ha suplido las
necesidades de las organizaciones misioneras cristianas, de los
traductores bíblicos y de los nativos indígenas. Un corto vuelo
les ahorra a los misioneros varios días o semanas de viaje, al
evitar el tránsito por caminos escabrosos, senderos mon-
tañosos o ríos en la selva. Proveer este transporte es el llamado
y la misión de organizaciones como JAARS y la Missionary
Aviation Fellowship [Unión Misionera de Aviación]: divinas
alas de amor.

S.M.H.

EN NUESTRA ORACIÓN DIARIA:

- Pidamos a Dios que llame a pilotos y mecánicos califica-
  dos para mantener estos aviones en condiciones de vuelo.
- Oremos para que haya personal de apoyo para llevar los
  registros de vuelo y la contabilidad de estas organizaciones.
- Intercedamos por la salud, la seguridad de los pilotos y
  los informes meteorológicos exactos, factores vitales para
  realizar los vuelos.

ES UNA TRAGEDIA

Dichosos los compasivos,
porque serán tratados con compasión.

Mateo 5:7

En muchas partes de los Estados Unidos las condiciones climáticas son severas. Los climas del norte presentan tormentas de nieve y de hielo, y temperaturas muy bajas. Otras áreas se ven afectadas por tornados, huracanes o inundaciones. Tras estos desastres lo único que queda es la destrucción. Es entonces cuando surge el verdadero espíritu solidario en esas ciudades y localidades. Los vecinos se agrupan para ayudarse mutuamente, pasando por alto las afiliaciones religiosas o cualquier otra diferencia. Lo que importa es ayudar, entregarse, compartir y trabajar juntos: para bendecir con la bendición que Dios les ha dado.

Conover Swofford

EN NUESTRA ORACIÓN DIARIA:

- Oremos por las víctimas de las tragedias vinculadas al clima, a desastres naturales, o a atentados criminales.
- Intercedamos por las organizaciones de ayuda que trabajan con las víctimas de las tragedias, para que sean comprensivas, eficientes y justas.
- Pidamos a Dios que nos muestre cómo podemos ayudar cuando la tragedia golpea a nuestra comunidad. Tal vez necesitemos aprender a realizar una resucitación cardiopulmonar, afiliarnos a un comité de crisis u ofrecernos como voluntarios de la Cruz Roja.

JUCHE

*Se abrirán entonces los ojos de los ciegos y se destaparán
los oídos de los sordos.*

ISAÍAS 35:5

Corea del Norte es una nación aislada, pues está cerrada al resto del mundo. Los cristianos deben reunirse en secreto para adorar, porque suelen ser perseguidos y asesinados. A fines de los sesenta, Kim Il Sung introdujo un sistema sincretista que asimilaba las creencias del cristianismo junto con la terminología comunista y las corrientes que sostienen la importancia de la realización personal. Esta ideología, conocida como Juche, se arraigó en Corea del Norte y ha penetrado todos los aspectos de la cultura. Mediante el empleo de rígidos controles religiosos, se obliga al pueblo a adorar a su dictador como si fuese un dios omnisciente y omnipresente, que supuestamente puede abrir las nubes y hacer que los árboles florezcan.

THOMAS J. BELKE Y STEVE CLEARY

EN NUESTRA ORACIÓN DIARIA:

- Oremos fervientemente para que Dios abra las mentes cegadas de los adherentes a la ideología Juche.
- Pidamos a Dios que fortalezca y proteja a los creyentes en Corea del Norte.
- Intercedamos por una economía abierta para que Corea del Norte pueda recibir las provisiones necesarias y de esa manera se abra una vía de entrada para el evangelio.

EL DIOS DE DIOSES

¡El Señor, Dios de dioses, sí, el Señor, Dios de dioses!
JOSUÉ 22:22

Los israelitas sospechaban de las tribus de Rubén, de Gad y de la media tribu de Manasés por un altar que habían edificado en Guelilot (Josué 22:10). Parecía que estas tribus querían abandonar a Dios justo cuando los israelitas se aprestaban para la batalla. Esta breve confesión de fe les aseguró a todos que todas las tribus estaban reunidas bajo la égida del «Señor, Dios de dioses». Sus palabras de reverencia hacia Dios alejaron la amenaza de una guerra y reunificaron la nación.

S.M.H.

EN NUESTRA ORACIÓN DIARIA:

- Consideremos las maneras en que nos dirigimos a Dios: ¿Le hablamos con reverencia?
- Consideremos nuestras acciones cuando conducimos el auto, cuando trabajamos o cuando nos relacionamos con otros: ¿Reflejan nuestras acciones una reverencia hacia Dios?
- Consideremos lo que significa servir al «Señor, Dios de dioses»: ¿Vivimos conforme a lo que decimos creer?

COMPLETA HONRADEZ

Sean mi protección la integridad y la rectitud, porque en ti [el SEÑOR] he puesto mi esperanza.

SALMO 25:21

A Maggie la habían atrapado con una golosina robada. Su madre insistió en que debía devolverla a la tienda y decirle al dueño lo que había hecho. Después de escuchar su confesión, el comerciante le advirtió firmemente contra el robo. Cuando Maggie le contó lo que había hecho a su padre, la mirada de desilusión de él fue más insoportable que cualquier castigo que el dueño de la tienda pudiera haberle impuesto. Maggie lloró: una golosina de escaso valor la había separado de la sonrisa cariñosa de su padre. Maggie se prometió a sí misma no volver a desilusionar a su padre de ninguna manera.

S.M.H.

EN NUESTRA ORACIÓN DIARIA:

- Pidamos a nuestro Padre celestial que nuestras palabras sean verdaderas y sinceras.
- Oremos para proceder con integridad.

EN ALTA ESTIMA

En tus manos están la fuerza y el poder, y eres tú quien engrandece y fortalece a todos.

1 CRÓNICAS 29:12

Si deseamos que nuestros seres queridos tengan en alta estima sus trabajos, y consideren que las tareas que realizan tienen sentido; hagamos esta oración hoy:

Padre, gracias por conceder a mis seres queridos sabiduría en todas las decisiones que deban tomar hoy en su trabajo. Ayúdalos a dar a sus empleadores un día entero de trabajo a cambio de un día entero de paga.

Muestra a mis seres queridos sus fallas para que puedan corregirlas, y para que se den cuenta de cómo ser más eficientes y usar su tiempo más eficazmente. Que su entusiasmo por el trabajo resulte evidente para los demás. No importa cuál sea la situación, permite que respondan como tú lo harías, para que brillen con la luz de tu amor y verdad.

Concede a mis seres queridos la capacidad de ver que los exaltarás y les darás fuerzas para realizar su trabajo. Gracias, Señor, porque sus esfuerzos serán tan evidentes que gozarán del favor de sus supervisores y colegas. Amén.

CONSEJOS SANOS

*El orgullo sólo genera contiendas, pero la sabiduría está
con quienes oyen consejos.*

PROVERBIOS 13:10

¿Nos hemos detenido a pensar en lo provechoso que sería hablar con alguien acerca de lo que nos preocupa? Dios ha dado a algunos de sus hijos el don del discernimiento y la capacidad de ser sabios consejeros. Sus sanas advertencias están basadas en la Palabra de Dios y en el deseo de ministrar en su nombre. Sus palabras, a menudo, nos señalan una nueva dirección o brindan una nueva perspectiva a nuestros problemas. Dios nos ha regalado consejeros incomparables. Sería lindo que, además de nuestros problemas, ellos pudieran escuchar nuestras palabras de gratitud.

CONOVER SWOFFORD

EN NUESTRA ORACIÓN DIARIA:

- Agradezcamos a Dios la maravilla de su cuidado y la provisión que nos da a través de algunos consejeros fieles.
- Oremos para que estos consejeros gocen de discernimiento sobrenatural mientras escuchan nuestros problemas y nos guían a una solución.
- Pidamos al Padre que nos dé sabiduría cuando alguien nos pide un consejo.

LA PESTE MODERNA

¡Consuelen, consuelen a mi pueblo! dice su Dios.

Isaías 40:1

Rechazados, perseguidos, insultados, marginados. Estas palabras describen el trato que recibían los leprosos. Estos mismos términos podrían aplicarse hoy a las personas que tienen un diagnóstico de VIH, el virus del SIDA. De acuerdo a la Organización Mundial de la Salud hay más de cuarenta millones de personas infectadas con este virus que les ha producido una enfermedad incurable. Más de medio millón son niños. Si bien al principio la enfermedad afectaba solamente a la comunidad homosexual, hoy el ochenta por ciento de la transmisión del VIH/SIDA es por la vía heterosexual.

S.M.H.

EN NUESTRA ORACIÓN DIARIA:

- Pensemos en las personas que conocemos a las que le ha sido diagnosticado VIH: pidamos a Dios que alivie sus sufrimientos.
- Pidamos a Dios que dé sabiduría a los investigadores en la búsqueda de una cura.
- Las principales causas de contagio son la promiscuidad y las relaciones sexuales sin protección. Oremos para que nuestra nación recupere normas sagradas donde las relaciones sexuales tengan lugar en el marco del matrimonio heterosexual.

EL SULTÁN

Al único y bendito Soberano, Rey de reyes y Señor de señores, al único inmortal, que vive en luz inaccesible, a quien nadie ha visto ni puede ver, a él sea el honor y el poder eternamente. Amén.

1 Timoteo 6:15-16

Brunei ocupa una pequeña área en la isla de Borneo, en Malasia. Fue un protectorado británico hasta su independencia en 1983, y actualmente es gobernada por un sultán que la ha convertido en un estado islámico. La población está compuesta por malayos, chinos y grupos tribales. La libertad religiosa de Brunei fue restringida en 1991, cuando se expulsó del país a todos los líderes cristianos. También se prohibió la literatura cristiana y el contacto con cristianos provenientes de otros países.

EN NUESTRA ORACIÓN DIARIA:

- Oremos por el Sultán de Brunei para que pueda encontrar al Rey de reyes.
- Oremos por los estudiantes de Brunei que asisten a las universidades en el extranjero para que conozcan creyentes piadosos, sean ganados para Cristo, y puedan regresar a su tierra para ser testigos del Salvador.
- Oremos para que los aislados grupos tribales de Brunei puedan ser evangelizados por los pocos cristianos nacionales que hay en el país.

CANTO DE LIBERTAD

Así que si el Hijo los libera,
serán ustedes verdaderamente libres.

JUAN 8:36

Oh Dios, Con verdadero arrepentimiento me presento y
me postro hoy ante ti. Mientras doblo mis rodillas en
oración, las lágrimas brotan de mis ojos. Si no fuera por
tu gracia, estaría perdido, sería un náufrago en los ocultos
bancos de arena de la vida, o estaría a la deriva en el
mar de las almas abandonadas de la tierra. Pero tú me
libraste de toda ansiedad y me guardas del poder del
tentador; Tú rompiste las ataduras de mis brazos y
alegraste mi hora más oscura. Has suplido todas mis
necesidades y me has hecho libre, realmente libre.

THEODORE HENRY SHACKELFORD

EN NUESTRA ORACIÓN DIARIA:

- Tratemos de imaginar lo que sería estar encadenados y en prisión. Luego imaginemos lo que sentiríamos al ser puestos en libertad y quedar bajo el cuidado de un padre amante. Agradezcamos a Dios por haber hecho eso por nosotros, y por habernos dado, en Jesús, la libertad del pecado.
- Busquemos un himno o una canción que hable de la libertad que tenemos en Cristo. Cantémosla o leámosla como una oración de agradecimiento a Dios.

¡ATENCIÓN!

Examíname, oh Dios, y sondea mi corazón; ponme a prueba y sondea mis pensamientos. Fíjate si voy por mal camino, y guíame por el camino eterno.

SALMO 139:23-24

Generalmente nos preocupamos por tener la casa ordenada para que las visitas la encuentren acogedora. También solemos ser meticulosos con nuestra apariencia y nuestra manera de vestirnos. Pero Dios quiere que prestemos atención a algo más importante: a los caminos por los que andamos. Quiere que consideremos a fondo nuestras actitudes y emociones. ¿Guardamos rencor contra alguien? ¿Estamos insatisfechos? ¿Somos envidiosos? Un corazón afligido por actitudes erróneas no se puede esconder detrás de una sonrisa o de un buen corte de cabello. Necesitamos estar atentos para mantener nuestros corazones en sintonía con el corazón de Dios.

S.M.H.

EN NUESTRA ORACIÓN DIARIA:

- Pidamos a Dios que nos muestre qué actitudes nuestras pueden ser contrarias a su voluntad y a sus caminos.
- Pidamos perdón a Dios por las actitudes que no reflejan su corazón.
- Pidámosle que nos llene de santo contentamiento, amor y gozo.

HIJOS OBEDIENTES

Nada me produce más alegría
que oír que mis hijos practican la verdad.

3 JUAN 1:4

Vuélvete otra vez a nosotros, Dios nuestro Señor, te pedimos. Levanta a los hijos e hijas de Abraham, y trae, a través de nosotros, un poderoso revuelo de huesos secos y una gran asamblea de almas. Aviva a quienes dicen ser tus hijos. Concede a nuestros pequeños las ansias de creer en la realidad de la religión, y en la belleza del temor del Señor. Concédeles, Señor, corazones sabios y comprensivos.

MARIA W. STEWART

EN NUESTRA ORACIÓN DIARIA:

- Oremos por los hijos de nuestras familias, para que tengan vidas obedientes a la voluntad y los caminos de Dios.
- Pidamos al Señor que use nuestra propia vida como ejemplo de obediencia fiel a su dirección.
- Confiemos con gratitud en las promesas de Dios, quien desea que todos sus hijos sean salvos y lo sigan.

LAS ASAMBLEAS

Jesús dijo: «De este modo todos sabrán que son mis discípulos, si se aman los unos a los otros».

JUAN 13:35

La asamblea de una importante denominación religiosa comenzó a caracterizarse por las duras palabras de disensión de los delegados cuando discutían asuntos polémicos. Los diarios y los canales de televisión de la localidad en una ocasión enviaron periodistas a la convención para entrevistar a los portavoces a medida que abandonaban el edificio. Los reporteros se sorprendieron al ver que algunos delegados que sostenían posiciones muy contrarias se reían juntos por un comentario que alguien había hecho. «Podemos no estar de acuerdo en muchas cosas» dijo a la prensa uno de los delegados, «pero nos amamos mutuamente en el Señor».

S.M.H.

EN NUESTRA ORACIÓN DIARIA:

- Recordemos orar por las próximas asambleas de nuestra iglesia.
- Oremos por los delegados que asistirán y los temas que se discutirán.
- Intercedamos por el testimonio: para que los delegados recuerden a quién pertenecen y a quién representan.

HOMBRES DE ESTADO EN LA LEGISLATURA

Lejos de ser corrupto o negligente,
Daniel era un hombre digno de confianza.

DANIEL 6:4

Patrick Henry, Thomas Jefferson y Daniel Webster sirvieron a su país desde el liderazgo político. Sin embargo, uno de ellos, fue elegido para un cargo político que nunca llegó a ocupar. Ese hombre fue Patrick Henry. Él ayudó a la causa revolucionaria norteamericana, redactó la constitución de Virginia, y definió la Carta de Derechos de los Estados Unidos; pero murió poco antes de asumir su puesto como representante del Estado de Virginia. Ese día la legislatura de Virginia perdió a un respetado hombre de estado, porque Henry no solo valoraba los derechos de los individuos, sino que también tenía un firme amor por Dios.

S.M.H.

EN NUESTRA ORACIÓN DIARIA:

- Recordemos a nuestros representantes, presentémoslos por su nombre ante el trono de Dios.
- Intercedamos por las decisiones que habrán de tomar, para que honren a Dios y sean justas.
- Pidamos a Dios que nuestros representantes tengan valor para enfrentar la corrupción y el vicio, y para que sean respetados estadistas dentro de la legislatura.

UN PARAÍSO ENVENENADO

La mentalidad pecaminosa es muerte, mientras que
la mentalidad que proviene del Espíritu es vida y paz.

ROMANOS 8:6

En la isla de Sri Lanka, las playas están cubiertas de palmeras y el aire lleno de la fragancia de las plantaciones de té. Pero detrás de este pacífico paraíso situado en el Océano Índico, se esconde otra realidad: el veneno del odio ha traído una violenta discriminación a las minorías étnicas y religiosas. Aunque los cristianos fueron bienvenidos hace siglos en Sri Lanka, el sentimiento anticristiano se ha acentuado entre la mayoría budista. Muchos ciudadanos de este país son reacios al evangelio porque lo consideran un resabio del capitalismo extranjero.

EN NUESTRA ORACIÓN DIARIA:

- Oremos para que las personas de Sri Lanka abandonen el veneno del odio y encuentren la paz en Cristo.
- Intercedamos por los que están sujetos al temor de los espíritus malignos y a la adoración de los ancestros.
- Oremos por una nueva generación de obreros que lleven el evangelio a los pueblos más remotos de Sri Lanka.

FUNDADOS SOBRE LA ROCA

Él es la Roca, sus obras son perfectas, y todos sus caminos son justos. Dios es fiel; no practica la injusticia. Él es recto y justo.

DEUTERONOMIO 32:4

Seis veces en este capítulo se usa la palabra «Roca» para referirse a Dios. A lo largo del Antiguo Testamento Dios adquiere este nombre debido a su inmutable fuerza, y a que él mismo es el sólido fundamento de nuestra fe. Matthew Henry lo expresó de este modo: «Dios es la roca porque él es en sí mismo inmutable e inalterable, es un refugio reservado para todos los que lo buscan y se le acercan, y es un fundamento eterno para todos lo que confían en él».

EN NUESTRA ORACIÓN DIARIA:

- Reflexionemos sobre dónde hemos puesto el fundamento de nuestra fe. ¿Lo hemos puesto en Dios que es la Roca?
- Tengamos certeza de las firmes promesas de Dios: él cuidará siempre de nosotros.
- Confiemos en él para que sea nuestro sólido refugio, que no podrá ser destruido ni derribado por los vientos y las olas de las crisis.

GUERREROS AMBIDIESTROS

*[Los soldados de David] eran arqueros que podían lanzar
piedras y disparar flechas con ambas manos.*

1 CRÓNICAS 12:2

Estos guerreros sí que estaban bien preparados para la
batalla: eran capaces de pelear con ambas manos si hacía
falta. Muchas de nuestras batallas suelen ser luchas espirituales. ¿Luchamos en ellas con ambas manos como los
arqueros de David, o atrapados por la rutina, nos limitamos
a usar solo una faceta de nuestra fe para pelear contra el enemigo? ¿Utilizamos nuestras propias fuerzas, ideas y palabras
para pelear contra el mal? Pablo nos dice que «las armas con
que luchamos no son del mundo, sino que tienen el poder
divino para derribar fortalezas» (2 Corintios 10:4). Tenemos
que pedirle a Dios que él sea quien nos prepare para la batalla,
¡dejemos nuestras armas de lado! Nuestras armas son débiles,
¡las de Dios son poderosas!

S.M.H.

EN NUESTRA ORACIÓN DIARIA:

- Confiemos en el poder de Dios para derribar las mura-
  llas que hemos levantado en nuestra vida.
- Oremos pidiendo perdón por albergar malos sentimientos contra alguna persona. Esa es una muralla que debe
  caer.
- Oremos pidiendo que Dios sane el dolor que nos ha
  infligido el rechazo de alguien. Eso también es una
  muralla.

COSECHA DE FRUTOS POSITIVOS

*El que siembra para agradar a su naturaleza pecaminosa,
de esa misma naturaleza cosechará destrucción; el que
siembra para agradar al Espíritu, del Espíritu cosechará
vida eterna.*

GÁLATAS 6:8

Conocemos la verdad que encierra el principio: «cosechamos lo que sembramos». En todas las estaciones del año los campos sembrados lo evidencian. Agreguemos, ahora, una nueva dimensión a este dicho, «nuestro proceder afecta las vidas de otros». Si el ejemplo que damos a nuestros amigos inconversos es de desobediencia a Dios, sería ridículo esperar que ellos dieran una respuesta positiva al evangelio. Solo cuando nuestro testimonio refleje el poder divino que transforma las vidas podremos cosechar el fruto positivo ver a nuestros amigos a los pies de Cristo.

S.M.H.

EN NUESTRA ORACIÓN DIARIA:

- Pidamos la ayuda de Dios para ser testigos de su obrar en nuestros amigos inconversos.
- Oremos por una oportunidad para transmitirles las cosas espirituales.
- Pidamos a Dios que abra los corazones de nuestros amigos inconversos para escuchar el mensaje del evangelio.

EL CUIDADO DE LOS MORIBUNDOS

Aun si voy por valles tenebrosos, no temo peligro alguno porque tú estás a mi lado; tu vara de pastor me reconforta.

SALMO 23:4

Una de las bendiciones de la internación domiciliaria en un caso de enfermedad terminal es que el moribundo tiene la posibilidad de reflexionar sobre su vida: hacer las paces con todos, pedir perdón si fuere necesario, y despedirse de sus seres queridos. La internación domiciliaria y el apoyo para la familia que atraviesa este proceso han permitido que muchos pacientes terminales puedan experimentar una «buena muerte». La internación domiciliaria es un sistema basado en la atención médica domiciliaria, llevada a cabo por un equipo de doctores, enfermeros, asistentes de la salud, asistentes sociales y voluntarios. La unidad de cuidado no es solamente el paciente enfermo sino toda la familia.

BARBARA DEANE

EN NUESTRA ORACIÓN DIARIA:

- Oremos por los trabajadores que apoyan la internación domiciliaria en nuestra localidad. La atención de pacientes terminales es física y emocionalmente desgastadora.
- Oremos por los pacientes y las familias insertos en programas de internación domiciliaria. Los pacientes a menudo tienen un pronóstico de menos de seis meses de vida.

UNA ORACIÓN DE PASADA

Den a todos el debido respeto.

1 PEDRO 2:17

Según una encuesta reciente, unos cinco mil niños en edad escolar, sostuvieron que las bromas de los compañeros y la presión que significan sus calificaciones son algunos de los motivos que menos los preocupan. En cambio, los motivos de mayor preocupación son la violencia y la falta de disciplina de los alumnos. Sin el debido respeto de los alumnos hacia sus profesores, las escuelas se están convirtiendo en lugares explosivos. Necesitamos desesperadamente cubrirlas con el manto de nuestras oraciones para que los alumnos puedan sentirse seguros mientras aprenden.

S.M.H.

EN NUESTRA ORACIÓN DIARIA:

- Al pasar por alguna escuela en nuestro barrio, oremos por las relaciones entre los maestros y los alumnos.
- Pidamos a Dios que restaure el respeto a la autoridad, que haya maestros que respeten a sus alumnos lo suficiente como para exigir respeto recíproco.
- Pidamos a Dios que nos brinde la oportunidad de servir en la escuela de nuestra localidad: como ayudantes, voluntarios o miembros de alguna comisión.

UN NUEVO SALVADOR PARA RUMANIA

Fuera de mí no hay otro Dios; Dios justo y Salvador, no hay ningún otro fuera de mí.

ISAÍAS 45:21

Durante veinticuatro años, Nicolai Ceausescu gobernó Rumania con mano dura. El amigable pueblo y la hermosa campiña se marchitaron bajo la cruel tiranía de este dictador comunista, que se refería a sí mismo como la Palabra Sagrada, el Salvador, o el Elegido. Los cristianos fueron perseguidos y encarcelados, y muchos resultaron asesinados. En 1989 Ceausescu fue derrocado después de una rebelión nacional. A partir de entonces el evangelio comenzó a predicarse abiertamente. Muchos rumanos hoy están aprendiendo acerca de un «nuevo» Salvador: el Salvador celestial.

EN NUESTRA ORACIÓN DIARIA:

- Oremos para que Dios levante líderes en Rumania que gobiernen con inteligencia y justicia.
- Alabemos a Dios por la respuesta positiva del pueblo rumano al mensaje del evangelio.
- Pidamos a Dios que envíe obreros consagrados a Rumania para colaborar con la atención de los niños desamparados y de los ancianos.

ELOHIM

Yo soy el SEÑOR, y no hay otro; fuera de mí
no hay ningún Dios. Aunque tú no me conoces,
te fortaleceré.

ISAÍAS 45:5

Satanás desafía y falsifica todo lo que Dios es. Si el enemigo de nuestras almas nos convence de que somos dueños de todo: de la economía, de la familia, de nuestra carrera profesional y del hogar, podríamos llegar a creer que también somos dueños de nosotros mismos… y que, por lo tanto, no necesitamos un Salvador. Pero las Escrituras dejan esta mentira al descubierto. Isaías nos dice que Dios es el único Dios. Nosotros no somos dios, ni lo es nuestra profesión ni nuestras tarjetas de crédito. Nuestros corazones deberían revestirse con este mensaje grabado a fuego: Hay un solo Dios… ¡y no somos nosotros!

S.M.H.

EN NUESTRA ORACIÓN DIARIA:

- Pidamos a Dios que nos revele algún aspecto oculto de nuestra vida que ha ocupado el lugar de Dios.
- Confesemos que hemos aceptado la mentira de Satanás de que podemos ser nuestro propio dios.
- Entreguemos a Dios el control de nuestra vida, y todo lo que ello implica, para que Dios pueda ser Dios.

EL FAVOR DE DIOS Y DE LOS HOMBRES

Hagan lo que hagan, trabajen de buena gana, como para el Señor y no como para nadie en este mundo, conscientes de que el Señor los recompensará con la herencia. Ustedes sirven a Cristo el Señor.

COLOSENSES 3:23-24

A veces uno descubre que su empleo no es lo que a simple vista parecía. «Esta tarea no me corresponde a mí, señor» era el comentario recurrente de uno de los personajes principales de una comedia televisiva de los años ochenta. Quienes viven diciéndolo, objetan que su jefe les pida algo que pertenezca a «esa área gris» que su descripción de responsabilidades describe como «otras obligaciones relacionadas con sus tareas». Sin embargo, Dios nos ha dado ese trabajo, y deberíamos hacerlo con gusto y para su gloria. Nuestros jefes notarán nuestro entusiasmo y tendremos la oportunidad de transmitir el amor de Dios a otros. Jesús halló el favor de Dios y de los hombres. Nosotros también podemos hallar el favor de nuestros empleadores si desempeñamos con alegría las «obligaciones relacionadas» con nuestras funciones específicas.

S.M.H.

EN NUESTRA ORACIÓN DIARIA:

- Agradezcamos a Dios por nuestro empleo.
- Oremos para que nuestro jefe tome decisiones acertadas.
- Alabemos a Dios por la oportunidad de honrarlo con nuestro trabajo.

PIDAMOS Y RECIBIREMOS

Crean que ya han recibido todo lo que estén pidiendo en oración, y lo obtendrán.

MARCOS 11:24

Dios nos ha dado la promesa de
que él escucha y responde las oraciones.
él atenderá nuestras súplicas
si ponemos sobre él nuestras cargas.
Él contestará cada oración.
Acerquémonos a él creyendo con fe.
Él contestará todas nuestras oraciones.
No escatimará ni una bendición,
Nos dará lo que sea mejor para nosotros.
Dios contestará por su Espíritu,
a todos los que le piden.

EN NUESTRA ORACIÓN DIARIA:

• Comencemos nuestra oración con gratitud a Dios porque escucha y contesta todas nuestras oraciones.
• Oremos sin disimulo por nuestros intereses, como si le pidiéramos a un padre cariñoso las cosas que necesitamos.

MÁS QUE UN EDIFICIO

*En él todo el edificio, bien armado, se va levantando
para llegar a ser un templo santo en el Señor.*

EFESIOS 2:21

A ti que habitas en el cielo dedicamos este templo. Recíbelo; sí, recíbelo como uno de tus santuarios terrenales para que todos los que adoren en él, de día de descanso en día de descanso, y de generación en generación, aun los hijos de nuestros hijos, puedan sentir que realmente es casa de Dios y puerta al cielo. Amén.

DANIEL ALEXANDER PAYNE

EN NUESTRA ORACIÓN DIARIA:

- Fijémonos en las iglesias que hay en nuestro barrio y oremos por cada una de las congregaciones que se reúnen en esos templos.
- Invoquemos la bendición de Dios sobre esos santuarios, para que sean usados para glorificar a Dios.
- Intercedamos por esas congregaciones para que la luz del amor de Dios brille en toda la comunidad.

BEBÉS QUE TIENEN BEBÉS

No desvelen ni molesten a mi amada,
hasta que ella quiera despertar.

Cantares 8:4

La vio mientras iba camino a su trabajo: una adolescente con un bebé muy pequeñito en brazos. La propia madre era una bebé. ¡Qué dolor! Una bebé teniendo un bebé. Una jovencita más que, para ser valorada, había cedido a la pasión y a la presión de sus pares. Y otra nueva vida con escasas probabilidades de crecer en un ambiente familiar estable. Entonces se preguntó a sí misma: ¿Dónde estará el joven responsable de ese hermoso y dulce bebé? ¿No hubo nadie que lo ayudara a resistir la presión de demostrar que «era un hombre»? ¿Quién defraudó a estos adolescentes? Y siguió conduciendo, condenándose a sí misma por su silencio.

S.M.H.

EN NUESTRA ORACIÓN DIARIA:

- Abramos nuestro corazón para sentir el dolor que Dios siente por el número creciente de embarazos de adolescentes.
- Recordemos a los adolescentes que tenemos cerca y oremos para que tengan coraje y pureza sexual.
- Pidamos a Dios que nos dé la oportunidad de trasmitirle su punto de vista con respecto a la sexualidad a algún niño al que amamos.

LA POLVORIENTA Y ÁRIDA YIBUTI

«A los que me buscan, me doy a conocer»
dice el Señor.

Proverbios 8:17

Justo encima del cuerno que presenta la geografía del continente africano, hay una nación con forma de luna creciente: Yibuti. Castigada por sequías, falta de industrias y escasos recursos naturales, Yibuti es una de las pocas naciones musulmanas de África donde se permite dar testimonio acerca de Cristo. Los afar y somalíes son los dos grupos más populosos del país. A ambos les gusta mucho aprender cosas nuevas, por lo que los misioneros dan clases de inglés y francés en las librerías cristianas, usando los libros cristianos como libros de texto.

EN NUESTRA ORACIÓN DIARIA:

- Alabemos a Dios por las oportunidades de evangelizar que se dan en Yibuti. Oremos para que esta libertad continúe.
- Oremos por los gobernantes de Yibuti, para que tengan la sabiduría de unificar a los afar y somalíes.
- Pidamos a Dios que envíe misioneros para trabajar por largos períodos con los refugiados de los países vecinos de Somalia y Etiopía.

EL DIOS DE LA ETERNIDAD

Dios … puso en la mente humana el sentido del tiempo,
aun cuando el hombre no alcanza a comprender la obra
que Dios realiza de principio a fin.

ECLESIASTÉS 3:11

No podemos comprender la eternidad, pero podemos aprender algo de ella cuando percibimos que, comparada con cualquier longitud de tiempo, es más extensa que el período más prolongado. Toda esa eternidad, así de magnífica como es, nunca estuvo deshabitada. La eternidad es la morada de Dios, para él no hay ni pasado ni futuro. Él habita en un presente inconmensurablemente extenso. Eso, mis hermanos, es el sello interno que Dios ha puesto en el corazón del hombre.

FREDERICK W. ROBERTSON.

EN NUESTRA ORACIÓN DIARIA:

- Tratemos de comprender de una vez por todas que Dios trasciende el tiempo y también nuestros momentos de gozo y de dolor.
- Contemplemos la grandeza de Dios que le permite ver simultáneamente el pasado, el presente y el futuro.
- Sintamos la semilla de eternidad plantada en nuestro propio corazón. Confiemos en que él cuidará de nuestras necesidades, planes y anhelos futuros.

UN LUGAR A SUS PIES

—Marta, Marta —le contestó Jesús— estás inquieta y preocupada por muchas cosas, pero sólo una es necesaria. María ha escogido la mejor, y nadie se la quitará.

LUCAS 10:41-42

El ministerio en el que servimos al Señor puede convertirse en una carga para nosotros. Muchas veces estamos tan ocupados para él que no tenemos tiempo de estar con él. Cuando María se sentó a los pies del Señor, Marta estaba ocupada en la cocina. Jesús observó a Marta y, básicamente, lo que le dijo fue: «Si pasas tiempo sentada a mis pies, esperándome, obtendrás algo a cambio. No solo te sentirás mejor sino que también me servirás mejor». Debemos esperar en su presencia y dejar que todos los ministerios nazcan de esa relación.

DUTCH SHEETS

EN NUESTRA ORACIÓN DIARIA:

- Cuando oremos, tomémonos tiempo para escuchar las respuestas de Dios.
- Disfrutemos el solaz de sentarnos a los pies de Jesús.
- Oremos para que todo lo que consuma nuestro tiempo y energía sea bueno, beneficioso y provechoso para Dios y los demás.

¡DIME ALGO!

El que habla, hágalo como quien expresa las palabras mismas de Dios.

1 PEDRO 4:11

D ios se comunica con sus hijos de diferentes maneras. A Moisés, David y Ezequiel les habló directamente. Por la incredulidad de Israel, Dios usó señales y milagros para comunicarse con ellos. Y con nosotros, Dios usa la Palabra escrita para conmover nuestros corazones.

Tenemos que usar las diferentes formas de comunicación que Dios usa dentro de nuestra familia. Cuando tengamos que tratar con un adolescente, las notas escritas pueden dar más resultado que una reprensión. Recompensar a algún miembro de la familia con su plato favorito puede significar: «Felicitaciones». Y una tranquila conversación puede ayudarnos a solucionar algún problema. Podemos transmitir cuánto nos amamos unos a otros si dialogamos con nuestra familia del mismo modo que Dios habla con nosotros.

S.M.H.

EN NUESTRA ORACIÓN DIARIA:

- Pidamos a Dios que nos muestre la mejor manera de comunicarnos con nuestra familia.
- Pidámosle valor para probar estas nuevas maneras de comunicación.
- Oremos para que Dios nos recuerde que la buena comunicación siempre comienza prestando mucha atención a lo que dicen otros.

PUEDEN TENER ESTA SEGURIDAD

No se olviden de hacer el bien y de compartir con otros lo que tienen, porque ésos son los sacrificios que agradan a Dios.

HEBREOS 13:16

Durante la Gran Depresión de los años 30, las ollas populares proliferaron por todo Estados Unidos. Había millones de desempleados, y las iglesias y organizaciones de caridad abrieron sus puertas para ofrecer a los desocupados una comida caliente. Pronto la práctica incluyó la distribución gratuita de comida a las familias necesitadas. Hoy, muchas congregaciones organizan una tienda de comestibles donde las familias que pasan por dificultades económicas pueden recibir alimentos gratuitamente o a muy bajo costo. Las empresas donan parte de esta comida, pero la mayor parte del fondo de comestibles proviene del aporte generoso de personas como tú y como yo.

S.M.H.

EN NUESTRA ORACIÓN DIARIA:

- Pidamos a Dios que anime a las personas a donar generosamente al fondo de comestibles.
- Oremos para que los encargados de administrar los comestibles de nuestra congregación tengan sabiduría, compasión e integridad.
- Oremos por las familias que recibirán esta comida: que tengan fortaleza, salud y que consigan un empleo, si no lo tienen.

ORACIÓN POR LAS MADRES SOLTERAS

Padre de los huérfanos y defensor de las viudas es Dios en su morada santa.

SALMO 68:5

En la década de los cincuenta, la mayoría de las cabezas de familia de los hogares mononucleares eran las viudas. Hoy los jefes de familia de ese tipo de hogares son mayoritariamente los divorciados o las madres solteras. Muchas de estas mujeres solteras se ven atrapadas en un círculo vicioso de pobreza y ayuda gubernamental. El ausentismo escolar es corriente entre sus hijos, por lo que tienen mayores probabilidades de repetir el grado, de necesitar apoyo escolar y de ser derivados a sicólogos que los niños que provienen de hogares que cuentan con ambos padres. Las madres solteras y sus hijos necesitan el amor y la gracia de Dios. También necesitan nuestras oraciones.

S.M.H.

EN NUESTRA ORACIÓN DIARIA:

- Que Dios nos traiga a la mente alguna madre soltera que haya en nuestra familia, iglesia o comunidad. Oremos específicamente por ella.
- Alabemos a Dios por los programas cristianos que orientan a las madres solteras y a sus hijos.
- Oremos para que los miembros de la familia extendida acompañen a las madres solteras con oraciones, ánimo y amor.

LA TIERRA DEL ÁGUILA NEGRA

Busquen al Señor mientras se deje encontrar, llámenlo mientras esté cercano.

Isaías 55:6

En 1944, Albania se convirtió en un país comunista, asilándose del resto del mundo durante 41 años. Los albaneses sobrevivieron con muy poca comida, provisiones y comodidades modernas. Los libros religiosos y las reuniones fueron prohibidos, y orar era una actividad ilegal. En 1991 el gobierno comunista cayó con la muerte del gobernante de Albania. El águila negra que flamea en la bandera de Albania, ahora sobrevuela en una república democrática que nuevamente abre sus puertas al evangelio.

EN NUESTRA ORACIÓN DIARIA:

- Alabemos a Dios por los cambios espectaculares que tuvieron lugar en Albania: de una dictadura atea se ha pasado a una democracia libre.
- Oremos contra las prácticas religiosas discriminatorias promovidas por los extremistas musulmanes.
- Pidamos a Dios regularmente que fortalezca a los nuevos creyentes y que los anime a compartir su fe con otros.

QUIERO SER COMO TÚ

*Ser renovados en la actitud de su mente; y ponerse el
ropaje de la nueva naturaleza, creada a imagen de Dios,
en verdadera justicia y santidad.*

EFESIOS 4:23-24

*Dame un corazón bueno y humilde,
que ame sin pedir nada a cambio,
dame un gran corazón que no sienta temor,
que no lo amargue la ingratitud ni lo agobie la
indiferencia;
un corazón impregnado por el amor de Jesús
cuyo anhelo será satisfecho únicamente en el cielo.
Dame, Señor, la mente y el corazón de tu querido Hijo.*

ORIGEN FRANCÉS, TRADUCIDO AL INGLÉS POR
GEORGE APPLETON

EN NUESTRA ORACIÓN DIARIA:

- Alegrémonos en Dios que ha prometido conformar su
  carácter en nosotros.
- Oremos por un entendimiento más profundo y completo de la naturaleza de Dios y de su voluntad para
  nuestra vida.
- Pidamos a Dios que transforme nuestros pensamientos,
  proceder y palabras para ser más como él es.

ORACIONES OBSTACULIZADAS

Quiero, pues, que en todas partes los hombres levanten las manos al cielo con pureza de corazón, sin enojos ni contiendas.

1 TIMOTEO 2:8

A veces las oraciones no obtienen respuesta porque existe algún impedimento que las estorba. Tal vez más adelante reciban contestación, pero por el momento están frenadas por algún obstáculo. Las tormentas de nieve detienen el tránsito matutino, pero una vez que se retiran los vehículos accidentados y que las máquinas limpian la ruta de nieve, el tráfico se libera.

¿Hay algún obstáculo que entorpezca nuestras oraciones? El resentimiento y la falta de perdón son raíces de muchas de las enfermedades que aquejan a la gente. No perdonar es rebeldía contra Dios. Y eso es pecado. El pecado obstaculiza a nuestras oraciones.

ROSALIND RINKER

EN NUESTRA ORACIÓN DIARIA:

- Pidamos a Dios que examine nuestro corazón y que lo ilumine.
- Permitamos que Dios nos libere de enojos si tenemos conflictos con alguna persona.
- Confesemos cualquier resentimiento que sintamos hacia alguien y pidamos perdón a Dios.

INTERRUPCIONES U OPORTUNIDADES

Enséñanos a contar bien nuestros días, para que nuestro corazón adquiera sabiduría.

SALMO 90:12

Por lo general comenzamos la semana entregando cada día al Señor y reconociendo que nuestra vida está en sus manos. Luego nos disponemos a organizar el día, pero suena el teléfono o llaman a la puerta y nuestros planes se esfuman. Una vez más los amigos o familiares interrumpen el programa que teníamos para ese día. Si estamos demasiado ocupados estas interrupciones pueden resultarnos muy molestas. Sin embargo, si Dios es quien domina sobre nuestro tiempo, lo que consideramos interrupciones tal vez sean las oportunidades que Dios nos da para ministrar, atender y amar a otros

S.M.H.

EN NUESTRA ORACIÓN DIARIA:

- Pidamos a Dios que nos revele cuáles de las interrupciones que se presentan en nuestra agenda son oportunidades de servir a otros.
- Pidamos el perdón de Dios por el ofuscamiento que aflora cuando interrumpen nuestro plan diario.
- Oremos para tener una mirada compasiva hacia las interrupciones que se presenten en nuestro camino.

¡M'ADOPTARON!

Nos predestinó para ser adoptados como hijos suyos por medio de Jesucristo, según el buen propósito de su voluntad, para alabanza de su gloriosa gracia, que nos concedió en su Amado.

EFESIOS 1:5-6

La hora de la cena se caracteriza por la bulliciosa conversación. La casa está llena de amor. Muy llena, de hecho, porque doce niños adoptados viven allí.

Cuando Cathy y Stan adoptaron a su primer hijo dieciséis años atrás, estaban lejos de imaginarse que, con el tiempo, se iban a convertir en padres de niños de todas las edades, de todas partes del mundo y muchos con necesidades especiales. Pero si le preguntamos a Carrie, una niñita de dos años, qué es lo que más le gusta de su familia, ella nos dirá: «Que me aman. Me eligieron. ¡M'adoptaron!»

S.M.H.

EN NUESTRA ORACIÓN DIARIA:

- Oremos por las agencias de adopción que procuran encontrar hogares llenos de afecto para los niños.
- Oremos por la enorme paciencia que deben tener los padres y las familias adoptivas durante el proceso de adopción.
- Oremos por las familias adoptivas, por el proceso de adaptación a los nuevos rostros, a los nuevos modos y a los nuevos miembros de la familia.

LA JURISDICCIÓN DE UN JUEZ

¡Pero que fluya el derecho como las aguas, y la justicia como arroyo inagotable!

AMÓS 5:24

A los jueces de paz se los identifica, muchas veces, como los encargados de celebrar las ceremonias de matrimonio, pero ellos también brindan otros valiosos servicios a la comunidad. Cada estado puede determinar el alcance que tendrán las funciones de un juez de paz. Hay estados en donde solo se les permite juzgar casos de faltas menores, en otros el poder judicial de estos magistrados alcanza también los casos civiles y penales; y en algunos más, se autoriza a los jueces de paz a intervenir en casos penales menores y en disputas civiles por montos que no superen los 300 dólares.

S.M.H.

EN NUESTRA ORACIÓN DIARIA:

- Oremos para que estos magistrados tengan sabiduría divina en el desempeño de sus funciones.
- Pidamos a Dios que cada juez tenga presente la solemnidad de las ceremonias matrimoniales que oficia.
- Oremos para que los hombres y las mujeres elegidos para estos cargos sepan honrarlo con integridad, una actitud transparente y justicia.

PAPÚA NUEVA GUINEA

Reconoce al Dios de tu padre, y sírvele de todo corazón y con buena disposición, pues el SEÑOR escudriña todo corazón y discierne todo pensamiento. Si lo buscas, te permitirá que lo encuentres; si lo abandonas, te rechazará para siempre.

1 CRÓNICAS 28:9

Papúa, Nueva Guinea, también conocida por las siglas PNG, ocupa la mitad de la segunda isla más grande del mundo. Miles de misioneros han viajado a esta selva que se encuentra pocos kilómetros al norte de Australia. Muchos murieron como mártires en manos de los caníbales, pero otros tantos han sobrevivido y lograron traducir la Biblia a los idiomas locales. De esta manera lograron que casi todas las tribus escucharan la palabra de Dios. Una gran cantidad de pobladores se han convertido, pero tienen un compromiso a medias con Cristo. Otros han combinado su cristianismo con la brujería y la adoración a los espíritus. Muchos todavía temen la maldición de los hechiceros y chamanes.

EN NUESTRA ORACIÓN DIARIA:

- Oremos para que los creyentes vivan vidas que agraden y honren a Dios.
- Pidamos a Dios que libere a la gente del poder de la hechicería y de los malos espíritus.
- Oremos para que más traductores vayan a PNG para terminar la labor de traducir la Biblia.

UN GLORIOSO REDENTOR

Haré que tus opresores se coman su propia carne
y se embriaguen con su propia sangre,
como si fuera vino.

ISAÍAS 49:26

Bendito seas, Señor, por amarme.
Halla en mi corazón constante alabanza por tu
compasión.
Bendito seas, Señor, por cumplir la pena de mi pecado.
Halla en mí remordimiento por mi transgresión.
Bendito seas, Señor, por redimirme de mi pecaminoso yo.
Halla en mi espíritu la capacidad de aceptar tu
expiación.
Bendito seas, Señor misericordioso, por todo lo que has
hecho.
Halla en mi alma una completa entrega a tu voluntad.
Que toda la honra, la majestad y la alabanza sean a mi
glorioso Redentor. Amén.

S.M.H.

EN NUESTRA ORACIÓN DIARIA:

- Alegrémonos en la gracia de nuestro misericordioso Redentor. Nos perdonó todo lo que hicimos en el pasado.
- Alegrémonos en el amor de nuestro glorioso Salvador. Nos dio esperanza para el futuro.
- Alegrémonos en la bendición de nuestro generoso Señor. Nos ha dado lo mejor para el día de hoy.

PREPARADOS PARA HACER TU VOLUNTAD

*Arréglate la ropa para viajar le ordenó «… Luego abre la
puerta y huye; ¡no te detengas!»*

2 Reyes 9:1,3

Como Dios estaba disgustado con Jorán, rey de Israel, le
dijo a Eliseo que enviara un mensajero en una peligrosa
misión: debía darse prisa y ungir a Jehú como nuevo rey, y
luego huir en seguida de allí. Pero Eliseo le ordenó al mensajero que se arreglara la ropa y se preparara para el viaje antes
de emprenderlo. ¿Por qué? Porque quizá alguien quisiera
tomarlo de la túnica para impedirle llegar a Jehú. O, tal vez,
al salir corriendo podía tropezarse con el ruedo si no estaba
bien cosido. Sea cual fuere la razón, la lección que nos llega a
nosotros es clara: es tan importante estar preparados para
hacer la voluntad de Dios como cumplirla. ¿Estamos preparados para seguir la dirección que Dios nos indique en nuestras
vidas?

S.M.H.

EN NUESTRA ORACIÓN DIARIA:

- Mostremos disposición a seguir la voluntad de Dios en
  nuestra vida.
- Pidamos a Dios que nos muestre cómo seguir su orien-
  tación en nuestra vida.
- Oremos para tener la fortaleza de cumplir lo que Dios
  nos indique.

AMIGOS COMO TÚ

Husay el arquita era hombre de confianza del rey.
1 Crónicas 27:33

Escondido en medio de una larga y olvidada lista de nombres sin rostro, encontramos este maravilloso versículo. Muchas personas lo pasan por alto, sin embargo contiene el nombre de un hombre que era importante para el rey y para Dios. Era un amigo, una persona que sabía escuchar, guardar secretos, tender una mano, consolar e interesarse por el otro; aun cuando eso conllevara peligros, inconvenientes, o sacrificios. Husay estaba dispuesto a arriesgar su propia vida para que David continuara en el trono. Las Escrituras nos dicen que el Señor también es nuestro amigo y que es más cercano que un hermano. Todos necesitamos amigos, amigos como Husay; amigos como el Señor. Amigos como lo somos tú y yo.

S.M.H.

EN NUESTRA ORACIÓN DIARIA:

- Oremos para que el Señor nos dé buenos amigos como Husay.
- Pidamos al Señor que nos haga a su imagen: buenos amigos para quienes nos rodean.
- Comprometámonos a orar por nuestros amigos en cada momento libre del día.

GRUPOS EVANGELIZADORES FUERA DEL HORARIO ESCOLAR

Jesús dijo: «Dejen que los niños vengan a mí,
y no se lo impidan, porque el reino de los cielos
es de quienes son como ellos».

MATEO 19:14

A lo largo y ancho de los Estados Unidos existen diversas actividades para compartir el evangelio con los niños después del horario escolar, como los clubes bíblicos en los hogares, las escuelas bíblicas de vacaciones, los clubes universitarios de Campus Life. Se reúnen en escuelas, templos, o en los hogares y patios traseros de las casas del barrio. En todas estas actividades, los niños aprenden cómo tener una relación personal con Jesús. Estos grupos cumplen con el llamado de Jesús en Mateo 19:14.

S.M.H.

EN NUESTRA ORACIÓN DIARIA:

- Oremos pidiendo la bendición de Dios para los ministerios de evangelización de niños fuera del horario escolar que se desarrollan en nuestra región. Oremos por los maestros, los alumnos y los asistentes.
- Oremos para que Dios mueva nuestros corazones a ofrecer tiempo y dinero para apoyar estas obras de evangelización.
- Pidamos a Dios que los líderes de estos ministerios evangelizadores vivan una vida centrada en Cristo, que sientan hambre de su Palabra y un deseo de ver almas salvadas.

FAROS EN LA OSCURIDAD

Por toda la tierra resuena su eco, ¡sus palabras llegan hasta los confines del mundo!

SALMO 19:4

En la móvil sociedad en la que vivimos, muchos pasamos varias horas dentro de nuestros vehículos escuchando la radio mientras vamos y venimos de nuestro trabajo. En otras ocasiones la prendemos cuando tomamos sol al costado de la piscina, o al hacer las tareas del hogar. En la mayoría de las localidades hay una amplia gama de programaciones a nuestra disposición, pero algunas áreas cuentan solamente con una emisora cristiana. Como faros en medio de la oscuridad, estas ondas radiales ofrecen desde música cristiana hasta enseñanza bíblica. El mensaje de Dios llega a mucha gente gracias al ministerio de este medio.

S.M.H.

EN NUESTRA ORACIÓN DIARIA:

- Alegrémonos de vivir en una sociedad que permite la libre difusión del evangelio.
- Oremos para que Dios respalde generosamente las transmisiones cristianas, con personal y dinero.
- Pidamos a Dios que dé a los administradores de nuestra estación de radio sabiduría mientras planean la programación de sus emisiones. Que el material y la música que se difundan lleven a muchas personas a los pies de Cristo.

LOS OLVIDADOS DEL ECUADOR

El rey hará justicia a los pobres del pueblo y salvará a los necesitados; ¡él aplastará a los opresores!

SALMO 72:4

Se los ve en el desgastado bulevar de dos pies de ancho, que divide la principal avenida de la ciudad. Ajenos al peligro, niños de edad preescolar juegan a la mancha, mientras los vehículos conducidos a toda velocidad les pasan rozando. Pero cuando el tráfico se detiene, los pequeños presionan sus rostros sucios contra las ventanillas de los autos para pedir unas monedas. De noche, los niños mayores se les unen y montan un pequeño espectáculo escupiendo al aire un poco de gasolina, a la que luego prenden fuego. Como dragones, lanzan grandes llamaradas con la esperanza de que algún conductor les dé una propina. Son los olvidados del Ecuador, niños que viven en tugurios y tienen un futuro sin esperanza.

EN NUESTRA ORACIÓN DIARIA:

- Pocos trabajadores cristianos tienen una visión para alcanzar a estos niños. Oremos para que Dios mueva sus corazones.
- Oremos para que Dios acompañe a estos niños con educadores consagrados que los saquen de esos tugurios para que puedan lograr un buen futuro.
- Pidamos a Dios que bendiga a quienes ministran entre los «lanzallamas». Que puedan encontrar ocupaciones provechosas para estos niños.

ESPERANZA DIVINA

¿Por qué voy a inquietarme? ¿Por qué me voy a angustiar? En Dios pondré mi esperanza, y todavía lo alabaré. ¡Él es mi Salvador y mi Dios!

SALMO 43:5

Cuánta necesidad habrá, que en medio de la oscuridad, los problemas, las calamidades y la tristeza, surge alguna imagen, algún lugar que nos hace conscientes de la necesidad que tenemos de Dios. La humanidad perecería si no existiera la esperanza de encontrar a un Dios como este. Él inunda el mundo con su misericordia salvadora, penetra la tierra como el sol con sus partículas de luz y calor. Él se declara a sí mismo ilimitado por naturaleza y sostiene que su obra de consuelo no tiene fin.

HENRY WARD BEECHER

EN NUESTRA ORACIÓN DIARIA:

- Agradezcamos a Dios por las dificultades que hacen que seamos más conscientes de la necesidad que tenemos de Dios.
- Alabemos a Dios por acordarse de nosotros y obrar a nuestro favor.
- Alegrémonos porque el corazón misericordioso de Dios es inagotable.

ADORÉMOSLO

¡Digno es el Cordero, que ha sido sacrificado, de recibir el poder, la riqueza y la sabiduría, la fortaleza y la honra, la gloria y la alabanza!

APOCALIPSIS 5:12

¡Oh, Altísimo! ¡Grande es mi dilema! En tu tremenda presencia, lo mejor es el silencio. Y, sin embargo, si callara, las piedras clamarían. Pero si hablara, ¿qué podría decir?

El Amor entrecorta mis palabras. Te adoro. Te honro. Te glorifico, Señor. Déjame ver tu grandeza, y que sea capaz de recibirla. Ayúdame a inclinarme ante tu presencia, extasiado y lleno de eterna alabanza.

En el nombre de aquel que por siempre será adorado. Amén.

RICHARD FOSTER

EN NUESTRA ORACIÓN DIARIA:

- Agradezcamos a Dios por sus dones de gracia y misericordia.
- Alabémoslo por el gozo de su presencia, la belleza de su creación y la bendición de la familia y los amigos.

GLORIFIQUEMOS, BUSQUEMOS, ALEGRÉMONOS Y REFUGIÉMONOS

¡Gloríense en su nombre santo! ¡Alégrense de veras los que buscan al SEÑOR! ¡Refúgiense en el SEÑOR y en su fuerza, busquen siempre su presencia!

1 CRÓNICAS 16:10-11

Son mandatos sencillos: glorifiquemos a Dios, busquemos al Señor, alegrémonos, refugiémonos. ¡Pero qué difíciles de cumplir les resultan estos mandamientos a las personas autosuficientes! Pues implica dejar todo en manos de Dios y no afanarnos detrás de nuestros planes. Si los consideramos detenidamente, descubriremos que estos mandamientos tienen un orden. Primero, debemos recordar la fidelidad de Dios, su cuidado y provisión. ¿Cómo habríamos de glorificar su nombre si no nos acordáramos de estas cosas? Después de recordar, podemos buscar su rostro y alegrarnos. Por último podemos refugiarnos en él confiando en la fuerza y poder de Dios. ¡Qué fórmula para comenzar el día: glorifiquemos, busquemos, alegrémonos y refugiémonos en el Señor!

S.M.H.

EN NUESTRA ORACIÓN DIARIA:

- Oremos para que nuestros amigos recuerden todo lo que Dios ha hecho por ellos.
- Oremos para que vengan a su presencia con alegría.
- Confiemos en el futuro y veamos la fuerza de Dios pronta a venir en ayuda de nuestros amigos. ¡Aleluya!

A TRAVÉS DE LA BIBLIA

Toda la Escritura es inspirada por Dios y útil para enseñar, para reprender, para corregir y para instruir en la justicia, a fin de que el siervo de Dios esté enteramente capacitado para toda buena obra.

2 TIMOTEO 3:16-17

Cuando el Dr. W.A. Criswell llegó por primera vez a la Primera Iglesia Bautista de Dallas, estado de Texas, anunció que él predicaría por medio de la Biblia. Lo hizo durante diecisiete años y ocho meses. Al principio, los miembros de la congregación temían que la iglesia se desintegrara, pero sucedió todo lo contrario. Cientos y cientos de personas se incorporaron a la congregación. Los convertidos contaban: «Yo me uní cuando se enseñaba el libro de Isaías». O, «Yo me uní con 1 Timoteo». ¿Es el estudio de las Escrituras una prioridad en nuestra vida y en nuestra iglesia?

EN NUESTRA ORACIÓN DIARIA:

- Oremos para que Dios guíe e inspire a los maestros de los estudios bíblicos de nuestra iglesia.
- Pidamos a Dios que despierte en nosotros hambre por el estudio de la Biblia.
- Busquemos la dirección de Dios para comenzar un grupo de estudio bíblico en nuestro hogar, barrio o iglesia.

VERGÜENZA SECRETA

Felipe se acercó de prisa al carro y, al oír que el hombre
leía al profeta Isaías, le preguntó:
—¿Acaso entiende usted lo que está leyendo?
—¿Y cómo voy a entenderlo —contestó— si nadie me lo
explica? Así que invitó a Felipe a subir y sentarse con él.

HECHOS 8:30-31

Finalmente se supo el secreto de Jim. Su esposa le había pedido muchas veces que le leyera cuentos a su nieto al irse a dormir. Jim solía inventar todo tipo de excusas para no tener que leer en voz alta. Pero esa noche se dio cuenta de que la única manera de superar su vergüenza oculta era teniendo el valor de confesarla: «No sé leer», dijo.

La ex Primera Dama, Bárbara Bush, está convencida de que la alfabetización puede evitar muchos de nuestros males sociales. Su Foundation for Family Literacy [Fundación para la Alfabetización de la Familia] ha implementado varios programas de lectura en todos los Estados Unidos. ¿Podríamos encontrar tiempo para trabajar como tutores de lectura con personas como Jim?

S.M.H.

EN NUESTRA ORACIÓN DIARIA:

- Oremos para que Dios envíe voluntarios que enseñen a leer en los programas de alfabetización de nuestra comunidad.

LA PRESENCIA

Cuando cruces las aguas, yo estaré contigo; cuando cruces los ríos, no te cubrirán sus aguas; cuando camines por el fuego, no te quemarás ni te abrasarán las llamas.

ISAÍAS 43:2

Varios hombres intentaron tomar la casa de un misionero cerca de Nairobi, en Kenia. Henry, un guardia de seguridad, se los impidió, pero fue brutalmente atacado durante la refriega. Mientras otro guardia llamaba a un doctor, el misionero, que llegaba a su casa, sostuvo a Henry en sus brazos, tratando de detener la hemorragia provocada por un corte en la cabeza. Más tarde Henry le agradeció al misionero con estas palabras: «Gracias, por estar a mi lado, bwana».

A través de mensajes y programas es posible comunicar el evangelio, pero la presencia del misionero y su interacción con los lugareños suele ser la representación más real del amor de Dios.

ADAPTADO DE RANDY WEST

EN NUESTRA ORACIÓN DIARIA:

- Pidamos a Dios que envíe al pueblo de Kenia misioneros dedicados, como el amigo de Henry.
- Oremos para que Dios les recuerde a sus siervos que deben concentrarse en las personas a las que sirven y no solo en los programas.

EXPECTATIVAS DE DIOS

¡Ya se te ha declarado lo que es bueno! Ya se te ha dicho lo que de ti espera el SEÑOR: Practicar la justicia, amar la misericordia, y humillarte ante tu Dios.

MIQUEAS 6:8

Las agencias de publicidad nos dicen qué debemos comprar, ponernos o pensar. Los amigos, con la mejor de las intenciones, nos aconsejan esto o aquello. A veces tantas opiniones nos hacen sentir tironeados en varias direcciones. Sin embargo, la Biblia es bien clara con respecto a las expectativas que Dios tiene para nosotros: debemos ser justos y misericordiosos con los demás.

En esto se diferencian los que buscan a Dios de los que buscan su propio bien: en que hacen lo que Dios espera de ellos. Pocas personas se preocupan por los demás porque es más cómodo no hacerlo. Pero cuando llevamos a cabo lo que Dios espera de nosotros, mostramos al mundo algo que todos quieren ver: el amor de Dios habitando en nosotros.

S.M.H.

EN NUESTRA ORACIÓN DIARIA:

- Pidamos a Dios que su naturaleza fluya a través de nosotros.
- Oremos para que la justicia y la misericordia se conviertan en nuestra segunda naturaleza.
- Anhelemos buscar más a Dios que nuestro propio bien, para mostrar así el reino de Dios a los demás.

EL LUGAR DE UN SIERVO

*Moisés fue fiel como siervo en toda la casa de Dios, para
dar testimonio de lo que Dios
diría en el futuro.*

HEBREOS 3:5

El Señor nos usa a todos de diferentes maneras. Podemos
quejarnos de que todos no poseamos los mismos talentos, pero el Señor tiene un lugar de servicio apropiado exclu-
sivamente para nuestras capacidades. Moisés comenzó su
servicio a Dios con renuencia. Él afirmaba no tener la capacidad de llevar adelante lo que Dios quería que hiciera. Pero
Dios no aceptó las excusas de Moisés y le proveyó los medios
para cumplir la tarea. En el desierto, Dios formó a Moisés
para el servicio, para que condujera al pueblo de Israel y lo
liberara del cautiverio. ¿Para qué servicio nos ha preparado el
Señor?

S.M.H.

EN NUESTRA ORACIÓN DIARIA:

- Pidamos a Dios que nos muestre claramente que dones
  y capacidades tenemos.
- Oremos para que Dios nos use para su gloria.
- Reconozcamos que dependemos de Dios para que nos
  provea los medios que necesitamos para servirle.

PELEAR LA BUENA BATALLA

*Tenemos dones diferentes, según la gracia
que se nos ha dado.*

ROMANOS 12:6

Dios creó un ser y una unidad con el propósito de que
cada uno cumpliera su ministerio haciendo la tarea que
le ha sido encomendada. Es decir, que cada hombre peleara
la buena batalla según su llamado. Si eres hombre o mujer y
te propones cumplir tu ministerio (hacer la obra que Dios te
ha dado y no alguna otra), estarás peleando la buena batalla.
Tienes el llamado de Dios.

MARTÍN LUTERO

EN NUESTRA ORACIÓN DIARIA:

- Recordemos los talentos y las capacidades que Dios le
  dio a nuestro cónyuge. Oremos para que ambos seamos
  instrumentos para la honra de Dios.
- Busquemos el llamado que Dios tiene para nuestros
  hijos. Oremos para que Dios los use como instrumentos
  para su gloria.
- Presentemos a nuestros hermanos ante el Señor.
  Intercedamos por cada uno para que cumplan el ministerio que Dios les encomendó.

500 JEFES

Mujer ejemplar, ¿dónde se hallará? ¡Es más valiosa que las piedras preciosas!

PROVERBIOS 31:10

La mamá de Katie es como la mayoría de las madres. Hace la cena y limpia la casa. Lleva puntualmente sus hijos a la escuela y los acuesta en sus camas llegada la noche.

Pero la casa de Katie es diferente. En ella hay 500 jefes que intentan dirigirla. Porque Katie es esposa de un pastor. Todos los miembros de la iglesia tienen una opinión formada acerca de cómo debería encargarse de la casa pastoral y ocupar su tiempo.

El mejor regalo que le podemos hacer a nuestro pastor y su familia es ofrecerles nuestra amistad y amor. Mostremos el aprecio que les tenemos con pequeños gestos de bondad, que significarán mucho para ellos.

S.M.H.

EN NUESTRA ORACIÓN DIARIA:

- Agradezcamos a Dios por la familia de nuestro pastor. Ella constituye su refugio.
- Reflexionemos acerca de nuestra actitud con respecto a la esposa del pastor. ¿La tratamos como a una amiga o como a una empleada de la iglesia? No necesita otro empleo, pero posiblemente sí disfrutaría de nuestra amistad.

BUENOS SAMARITANOS

Bajaba un hombre de Jerusalén a Jericó, y cayó en manos de unos ladrones. Le quitaron la ropa, lo golpearon y se fueron, dejándolo medio muerto. … Pero un samaritano que iba de viaje llegó a donde estaba el hombre y, viéndolo, se compadeció de él.

LUCAS 10:30,33

Apurado por llegar a una cita, un padre que llevaba a su hija de la mano, pasó rápidamente al lado de un hombre que yacía en el suelo con un corte en la cabeza. Cuando ella preguntó por qué no se habían detenido para ayudarlo, él le contestó que el hombre estaba borracho. La niña insistió: «Papá, el buen samaritano se hubiera detenido». Su comentario puso al padre en acción. Por extraño que parezca, el hombre no estaba borracho, sino que estaba sufriendo un ataque de epilepsia y necesitaba asistencia médica de inmediato.

Muchas veces pasamos de largo sin detenernos a auxiliar a las víctimas de un accidente o a los conductores varados. En un momento así podríamos ser el único nexo con la vida para esas personas.

S.M.H.

EN NUESTRA ORACIÓN DIARIA:

- Si no nos podemos detener, pidamos a Dios que envíe ayuda para las víctimas de un accidente o para los conductores varados con los que nos crucemos hoy.
- Oremos pidiendo sabiduría para darnos cuenta si somos el Buen Samaritano que Dios está enviando en una situación puntual.

UN PARAÍSO PACÍFICO

*No vacilará ni se desanimará hasta implantar la justicia
en la tierra. Las costas lejanas esperan su enseñanza.*

ISAÍAS 42:4

Las Islas Fiyi se encuentran en el Océano Pacífico al este de
la costa australiana. En su gran mayoría fueron cristia-
nizadas, pero hoy los fiyianos son una minoría frente a los
inmigrantes de India que llegaron décadas atrás para trabajar
en las plantaciones de caña azucarera. Al sentirse amenazados
por la creciente presencia de grupos musulmanes, hindúes y
sijs en el gobierno fiyiano, algunos cristianos comenzaron a
perseguir a las personas de otras religiones, y prendieron fuego
a mezquitas y templos hindúes.

EN NUESTRA ORACIÓN DIARIA:

- Oremos para que el gobierno de Fiyi sea justo con todos
  los habitantes y que el país esté regido por principios
  piadosos.
- Oremos para que los creyentes de Fiyi traten a los extranjeros con amor y bondad para que su testimonio no sea
  en vano.
- Pidamos a Dios que renueve el celo misionero de Fiyi
  para mostrar a otros el amor y el poder de Dios.

LA CRUZ DE CRISTO

*Jesucristo dio su vida por nuestros pecados para
rescatarnos de este mundo malvado.*

GÁLATAS 1:4

L a cruz nos hace completos. Esto no ocurre en un instante,
sin duda, pero finalmente la obra será acabada. Antes de
que la cruz nos alcanzara estábamos quebrados y dispersos,
sin un centro de gravedad. La cruz vino a ser el centro que
atrajo los fragmentos desordenados de nuestro ser y produjo
una unidad plena, algo que ningún otro objeto podría haber
consolidado. Esa plenitud comienza en nosotros como individuos, para luego reproducirse en mayor escala en la santa
iglesia de Dios.

HORATIUS BONAR

EN NUESTRA ORACIÓN DIARIA:

- ¿Hemos encontrado nuestra senda hacia la cruz de
  Cristo? De ser así, alegrémonos en la bendición impere-
  cedera de la vida eterna. De lo contrario, acerquémonos
  hoy y recibamos el mayor regalo que Dios puede hacernos.
- Lloremos al recordar el precio que Cristo tuvo que pagar
  por nuestros pecados. Agradezcámosle ese sacrificio.
- Alabemos a Dios por la sanidad espiritual que nos da a
  través de la cruz.

FIELES EN NUESTRO FRUTO

*En cambio, el fruto del Espíritu es amor, alegría, paz,
paciencia, amabilidad, bondad, fidelidad, humildad y
dominio propio. No hay ley que condene estas cosas.*

GÁLATAS 5:22-23

El rey Josías produjo frutos justos. Asumió la corona del
reino de Judá cuando tenía siete años. Siguió las leyes de
Dios y prestó atención al consejo de los líderes fieles. En cambio nosotros, en ocasiones, en lugar de producir frutos de
bondad, amor y confianza, parecería que lo único que somos
capaces de cosechar es frustración, ira y egoísmo. ¿Por qué?
Quizá, porque Josías prestó más atención que nosotros al consejo de los buenos amigos. O tal vez porque pasaba más
tiempo con Dios. Sea cual fuere la razón, si un niño de siete
años es capaz producir frutos de justicia, nosotros también
podemos hacerlo.

S.M.H.

EN NUESTRA ORACIÓN DIARIA:

- Pidamos a Dios que rompa los terrones endurecidos que
  hay en nuestro corazón para retirar las semillas del
  pecado antes de que broten y se arraiguen en él.
- Pidamos la sabiduría de Dios en todos los pasos que
  demos hoy.
- Oremos para cosechar frutos de justicia al pasar más
  tiempo con Dios a través de la oración y el estudio
  bíblico.

HÁBITOS DE VIDA

*Por lo tanto, si alguno está en Cristo, es una nueva
creación. ¡Lo viejo ha pasado, ha llegado ya lo nuevo!*

2 CORINTIOS 5:17

Varias veces hemos observado cómo nuestros amigos más
cercanos hacen cosas que no son buenas para sí mismos.
Puede tratarse de algo tan banal como comerse las uñas o algo
tan grave como cometer una infracción por conducir ebrios.
Nuestros amigos se excusan de diversas maneras por estas
acciones. Pero llegado el momento, todos tenemos que abandonar nuestras viejas costumbres y comenzar a cultivar nuevos
hábitos. Nunca es fácil, pero Dios ha prometido ayudarnos.
Quizá Dios te puso en la vida de tus amigos para animarlos y
orar por ellos para que superen estos malos hábitos.

CONOVER SWOFFORD

EN NUESTRA ORACIÓN DIARIA:

- Oremos para que Dios convenza a nuestros amigos de la
  peligrosidad de sus hábitos.
- Pidamos a Dios que nos muestre cómo ayudar a nuestros
  amigos a enfrentar sus malos hábitos.
- Demos gracias a Dios por liberar a nuestros amigos de la
  prisión de los hábitos pecaminosos.

LA SABIDURÍA DE LOS MAYORES

Entre los ancianos se halla la sabiduría; en los muchos años, el entendimiento.

JOB 12:12

En la actualidad, la sociedad sostiene que todos los ciudadanos deben interesarse en la crianza de los niños de esa comunidad. Siguiendo esa misma lógica, todos los miembros de la sociedad tendrían también que responsabilizarse por las personas mayores que la integran. En muchas partes del mundo se relega a los ancianos a hogares y hospitales y se los visita solo cuando resulta conveniente. Sin embargo, la Biblia nos recuerda que nuestros mayores son un recurso del que no podemos prescindir. Son personas a las que debemos amar, honrar y cuidar. Ellos son capaces de transmitir gran sabiduría, si nos tomamos el tiempo de escucharlos. En nuestra aldea global, necesitamos mostrar respeto hacia los mayores, dedicarles tiempo y, por sobre todas las cosas, aprender de ellos.

S.M.H.

EN NUESTRA ORACIÓN DIARIA:

- Cuando pasemos frente a un hogar de ancianos, oremos pidiendo sabiduría para sus administradores.
- Pidamos a Dios que nos acerque a alguna persona sola internada en un hogar de ancianos. Visitemos a esa persona esta semana.

UNA LUZ COMO GUÍA

Santifícalos en la verdad; tu palabra es la verdad.

JUAN 17:17

A lo largo de toda la nación hay luces brillando entre los comercios del barrio. Esa luz proviene de las librerías cristianas de cada localidad. Ellas son únicas en su enfoque: ofrecen Biblias, libros, música y regalos que glorifican a Dios. Aunque las librerías cristianas deben ser negocios bien administrados, ellas procuran también ministrar a los corazones de sus clientes. Es verdad que podemos comprar una Biblia en cualquier librería, pero encontraremos mucho más que buenos libros en nuestra librería cristiana.

S.M.H.

EN NUESTRA ORACIÓN DIARIA:

• Oremos por el ministerio de los minoristas cristianos de nuestra comunidad. En muchas ciudades estos comercios reciben mensajes cargados de odio y llamadas telefónicas con amenazas.

• Pidamos a Dios que bendiga todos los artículos que se vendan en las librerías cristianas, para que la Palabra de Dios ministre a quienes los usen.

• Oremos para descubrir cómo alentar a los vendedores de libros cristianos: quizá con una nota o una tarjeta de agradecimiento de nuestra parte.

AGUAS VIVAS PARA UNA TIERRA SECA

Este evangelio está dando fruto y creciendo en todo el mundo.

COLOSENSES 1:6

El acelerado crecimiento que tuvieron las iglesias en Chad durante las décadas de los sesenta y setenta se ha detenido del mismo modo en que se han secado los lagos de este país de África Central. Las guerras, el hambre y la pobreza han frenado la extensión del evangelio, al tiempo que el legalismo y la falta de enseñanza bíblica desgastaron la fuerza de las iglesias existentes. Las creencias musulmanas y animistas se han mezclado con el cristianismo, diluyendo aun más el impacto del evangelio. La falta de lluvia y el suelo poco fértil hacen que Chad sea uno de los países más pobres del mundo. Esta tierra árida tiene necesidad desesperada del agua viva de Dios.

EN NUESTRA ORACIÓN DIARIA:

- Pidamos a Dios que envíe lluvia para llenar los lagos y proveer agua a las personas sedientas y a los animales.
- Oremos para que Dios envíe traductores que lleven la Biblia a los más de cien grupos lingüísticos diferentes que conviven en Chad.
- Pidamos a Dios que envíe misioneros para fortalecer a las iglesias para que ellas lleguen a lugares remotos no alcanzados por el evangelio.

ORACIÓN PERSEVERANTE

La oración del justo es poderosa y eficaz.

Santiago 5:16

La gran necesidad que tiene nuestro mundo, nuestra nación y nuestras iglesias es contar con personas que sepan perseverar en la oración. Las peticiones piadosas que elevamos tibiamente una o dos veces al día no cambian al mundo. La intercesión es más que un corazón que se conmueve ocasionalmente, es más que un amor emotivo hacia Dios, es más que hincarse de rodillas con expresiones de buena voluntad hacia los amigos enfermos y las personas que sufren. La oración con perseverancia es una labor santa. No debería ser un accesorio más en la obra de Dios. La oración es la obra de Dios.

Wesley L. Duewel

EN NUESTRA ORACIÓN DIARIA:

- Oremos para que Dios nos muestre qué cosas nos distraen de nuestros momentos de oración o reducen nuestra hambre de él.
- Oremos por aquellas cosas que Dios pone en nuestro corazón, oremos hasta que se desate el poder de los cielos. No nos rindamos.

SACRIFICIO AGRADABLE A DIOS

Les ruego que cada uno de ustedes, en adoración espiritual, ofrezca su cuerpo como sacrificio vivo, santo y agradable a Dios.

ROMANOS 12:1

El pecado nos rodea disfrazado de creencias populares que ignoran las normas establecidas por Dios. Pero para ser santos y agradables a Dios debemos librarnos del pecado. Tenemos que apreciar los valores que Dios pondera: el cumplir las promesas, el considerar que las necesidades de los demás son tan importantes como las nuestras, y el vivir de acuerdo con los designios de Dios continuamente, en obediencia y con diligencia. Muchas personas tratan de eludir las consecuencias del pecado e ignorar las promesas de Dios con respecto a la santidad, pero si deseamos agradar a Dios debemos mantenernos apartados para él.

S.M.H.

EN NUESTRA ORACIÓN DIARIA:

- Pensemos en nosotros mismos como un sacrificio voluntario, dedicado y entregado a Dios. Pronunciemos en voz alta este compromiso.
- Pidamos a Dios que escudriñe nuestro corazón e ilumine los aspectos que no le agradan.
- Alabemos a Dios por su poder purificador que puede apartarnos del pecado y mantenernos en santidad.

DIME CON QUIÉN ANDAS...

El que con sabios anda, sabio se vuelve.

PROVERBIOS 13:20

Señor, quiero enseñar a mis hijos a elegir buenos amigos, pero necesito de tu sabiduría. Muéstrame cómo juzgar bien los caracteres. Ayúdame a saber cuándo debo permitir que mis hijos tomen sus propias decisiones con respecto a qué amigos frecuentar y cuándo debo inmiscuirme. Abre los ojos de mis hijos a la verdad. En tu gracia, transforma cualquier fascinación por las malas compañías que ellos tengan en un santo celo por amarte y obedecerte. Amén.

DAVE Y HEATHER KOPP

EN NUESTRA ORACIÓN DIARIA:

- Reconozcamos que la Palabra de Dios advierte claramente sobre los peligros de asociarnos con malas compañías.
- Pidamos valor para apartar a nuestros hijos del encantamiento de las malas compañías.
- Agradezcamos a Dios por darles a nuestros hijos la facultad de ver más allá del atractivo superficial en el que se presenta el pecado: a veces a través de la música, del cine y de la televisión (Proverbios 1:10-19).

LA IGLESIA REFORMADA

Así dice el SEÑOR omnipotente a estos huesos: «Yo les daré aliento de vida, y ustedes volverán a vivir».

EZEQUIEL 37:5

Parte de la labor divina es infundir nueva vida a los huesos secos. Una de las enseñanzas de la Reforma es que una iglesia reformada está en constante renovación. Sin duda creo que esto es posible, y que las iglesias, y los llamados al ministerio de reformar la Iglesia, deben perseverar en la oración. Queremos alegrarnos con cada impulso renovador de vida, con las fuerzas creativas de restauración. Oremos para que Dios abra las puertas cerradas.

RICHARD FOSTER

EN NUESTRA ORACIÓN DIARIA:

- Intercedamos ante Dios para que los líderes de las iglesias tengan una visión clara para dar soluciones nuevas a viejos problemas.
- Procuremos la renovación divina de nuestra iglesia a través de una respuesta de fidelidad personal al llamado de Dios.
- Oremos para que el testimonio de una iglesia transformada, reformada, y viva, conmueva los corazones de los inconversos.

«LA ESCUELA EN EL HOGAR»

Grábense estas palabras en el corazón y en la mente;
átenlas en sus manos como un signo, y llévenlas en su
frente como una marca. Enséñenselas a sus hijos.

DEUTERONOMIO 11:18-19

Los alumnos que cursan la escuela en sus hogares superan, en cantidad, a los alumnos de las escuelas públicas de 16 estados. Según los estudios presentados en *Home Education: Is It Working?* [¿Sirven los cursos escolares en el hogar?], los alumnos escolarizados con tutores privados obtuvieron notas un treinta por ciento más altas en las pruebas nacionales de aptitud que sus iguales que recibieron la enseñanza en clases grupales con más de 25 alumnos. La historia también lo confirma, pues antes de que se introdujera la escolaridad obligatoria, los norteamericanos eran el pueblo más culto del mundo. Es una pena que aquellas estadísticas ya no sean válidas.

S.M.H.

EN NUESTRA ORACIÓN DIARIA:

- Demos prioridad en nuestras oraciones a las necesidades de los niños que cursan la escuela en sus hogares.
- Pidamos a Dios que les dé sabiduría y entendimiento a los padres para enseñar las lecciones de los textos de estudio.
- Recordemos la labor de las organizaciones que realizan actividades sociales para congregar a los alumnos que estudian en sus casas.

FABRICADO EN JAPÓN

(Manasés) sacó del templo del SEÑOR los dioses
extranjeros … Luego reconstruyó el altar del SEÑOR, y en
él ofreció sacrificios de comunión y de acción de gracias.

2 CRÓNICAS 33:15-16

Los japoneses sienten mucha afinidad con su pasado cultural y con los valores ancestrales, por ello sólo muestran interés en aquellas cosas que se originan en su país. Los escolares visitan los recintos Shinto y aprenden el culto al emperador como parte de la cultura japonesa. Estos vínculos profundamente arraigados impiden que muchos nipones se conviertan al cristianismo, pues sienten que al hacerlo traicionan a su cultura y a su familia. Para mantener la paz familiar, algunos japoneses han hecho un sincretismo que incorpora elementos del culto cristiano y del culto shintoista.

EN NUESTRA ORACIÓN DIARIA:

- Pidamos a Dios que fortalezca a los cristianos japoneses para mantenerse firmes en su fe frente a las presiones de la familia y la cultura.
- Oremos para que el emperador de Japón acepte a Cristo.
- Intercedamos para que haya mayor libertad religiosa y que los japoneses no se sientan obligados a practicar el shintoismo.

JUEZ Y JUSTIFICADOR

Por lo tanto, ya no hay ninguna condenación para los
que están unidos a Cristo Jesús, pues por medio de él la
ley del Espíritu de vida me ha liberado de la ley del
pecado y de la muerte.

ROMANOS 8:1-2

La justificación que proviene de Dios es incuestionable. Si el Juez nos exime, ¿quién nos condenará? Con esta justificación podemos responder a todas las acusaciones y críticas de los hombres impíos y de Satanás. Podemos morir con la certeza de que con tamaña justificación resucitaremos y podremos enfrentar el juicio final. El Señor puede borrar todos nuestros pecados. Él es nuestro gran perdonador: «Yo creo en el perdón de los pecados». ¿Lo creemos cada uno de nosotros?

CHARLES H. SPURGEON

EN NUESTRA ORACIÓN DIARIA:

- Agradezcamos a Dios por el don de la justificación que nos santifica ante él.
- Reconozcamos que esta justificación alcanza todos los pecados cometidos, desde las picardías banales hasta los crímenes más atroces.
- Pidámosle perdón a Dios y también que él borre todos nuestros pecados.

DOS MARES MUY DIFERENTES

De manera que siempre, en toda circunstancia, tengan todo lo necesario, y toda buena obra abunde en ustedes.

2 CORINTIOS 9:8

El río Jordán une dos mares de Palestina, el Mar de Galilea y el Mar Muerto. El Mar de Galilea se encuentra al norte del país y está lleno de vida, pues sus aguas fluyen constantemente. Aun hoy los pescadores lanzan allí sus redes.

En cambio al sur del país, donde desemboca el Jordán, se encuentra el Mar Muerto. Sus aguas están tan viciadas que ningún ser vivo lo habita. Esto se debe a que recibe la afluencia del Río Jordán, pero no vierte su caudal en ningún lado, por lo cual el contenido salino del mar es tan concentrado que ningún pez puede sobrevivir en esas aguas.

S.M.H.

EN NUESTRA ORACIÓN DIARIA:

- Agradezcamos a Dios por las provisiones y los dones que nos ha dado.
- Busquemos su sabiduría para asemejarnos al Mar de Galilea y dar a otros las bendiciones que recibimos de su mano.

EL ARCA DE DIOS

*Por la fe Noé ... construyó un arca
para salvar a su familia.*

HEBREOS 11:7

El mandato que Dios le dio a Noé era que salvaguardara su propia vida y la de su familia. Me gustaría hacerles una pregunta a los padres y las madres: «¿Están nuestros hijos en el arca de Dios?» Podríamos no tomar seriamente este interrogante, pero en realidad es algo muy importante. A veces me da la impresión de que mis hijos tienen cincuenta tentaciones cuando yo tuve una sola; y la verdad no creo que nuestra misión sea pasarnos la vida acumulando bonos y haberes. ¿Hemos hecho todo lo posible para que nuestros hijos entren al arca de Dios? Esa es la cuestión.

DWIGHT L. MOODY

EN NUESTRA ORACIÓN DIARIA:

- ¿Están todos nuestros hijos, nietos y sobrinos en el arca de Dios? Oremos por cada uno de ellos.
- ¿Hemos hecho todo lo posible para que entren? Pidamos a Dios que nos ilumine.
- ¿Vivimos una vida digna, de modo que nuestros hijos puedan ser testigos del testimonio del evangelio?

OTRAS ALTERNATIVAS AL ABORTO

El Señor me llamó antes de que yo naciera.

Isaías 49:1

Cada año se realizan más de un millón de abortos legales en los Estados Unidos. Pero peor aún que estas estadísticas son los motivos por los que las mujeres deciden hacérselos: «No me resulta conveniente tener un bebé en este momento», fue la declaración de algunas. «Es mi cuerpo y hago con él lo que quiero», sostuvo otro grupo. «Si llevo adelante este embarazo, perderé la línea», señaló otra. «Es más barato que tener que tomar píldoras anticonceptivas constantemente», señaló alguien más. Estas jóvenes necesitan saber que existen soluciones alternativas al aborto y que también son convenientes, baratas y beneficiosas para ellas.

S.M.H.

EN NUESTRA ORACIÓN DIARIA:

- Oremos por las clínicas que atienden embarazos en nuestra localidad. Necesitan fondos y voluntarios.
- Oremos por las mujeres que deben enfrentarse a un embarazo no deseado. Necesitan saber que Dios las ama.
- Oremos para estar comprometidos con propuestas alternativas al aborto. Podríamos hablarles a los jóvenes acerca de la abstinencia sexual u ofrecernos para trabajar como voluntarios en una clínica ginecológica.

APOYEMOS EL CINE APTO PARA TODO PÚBLICO

No me pondré como meta nada en que haya perversidad.

SALMO 101:3

Las películas que se producen en Hollywood se clasifican de acuerdo a la edad del público al que van dirigidas. La categoría más amplia es la de las «aptas para todo publico», pero los productores saben que si rotulan su película como «Apta para mayores de 17 años» o «con restricciones», tendrá mayor éxito comercial. Debido a esto, algunos directores incorporan deliberadamente escenas gratuitas de violencia o desnudos, logrando así que sus producciones entren en una categoría «más taquillera».

Sin embargo, algunas productoras cinematográficas están cambiando de política. «El príncipe de Egipto» de Dream Works fue una película animada que tuvo mucho rédito. «Mi perro Skip» de Warner Brothers fue proyectada en los vuelos aéreos, para deleite de los pasajeros. Para que las empresas decidan producir más películas para toda la familia, debemos apoyar con nuestro dinero las películas que concuerdan con nuestros valores.

S.M.H.

EN NUESTRA ORACIÓN DIARIA:

- Pidamos a Dios que dé visión y valores cristianos a los productores, directores y guionistas de Hollywood.
- Seamos fieles a nuestra escala de valores cristianos y abstengámonos de ver películas que no se ajusten a ella. No dejemos que el factor determinante sea el éxito comercial que pueda tener.

UNA LLAMA TITILANTE

No acabará de romper la caña quebrada,
ni apagará la mecha que apenas arde.
Con fidelidad hará justicia.

ISAÍAS 42:3

En Túnez la llama del cristianismo está titilando. Siglos atrás, la iglesia cristiana en esta nación del norte de África era vigorosa y producía líderes como Tertuliano y Cipriano. Pero las herejías y la importante afluencia de musulmanes redujeron de tal manera el número de creyentes evangélicos que hoy no llegan a cincuenta. Escasean los líderes cristianos y el gobierno cede ante las presiones de los extremistas musulmanes que procuran restringir la libertad de culto. Más de la mitad de la juventud tunecina apoya un estado islámico y hay muchos involucrados en estos grupos fundamentalistas.

EN NUESTRA ORACIÓN DIARIA:

- Intercedamos por la juventud de Túnez para que los jóvenes tengan contacto con un testimonio cristiano vital mientras estudian en el extranjero.
- Oremos por el ministerio de las emisoras cristianas que llevan el evangelio a los tunecinos.
- Oremos para que los cristianos tengan oportunidad de reunirse y edificarse unos a otros en la fe. Para ello necesitan tenerse confianza.

UN PROTECTOR AMANTE

Yo lo libraré, porque él se acoge a mí; lo protegeré, porque reconoce mi nombre.

SALMO 91:14

Cuando el presidente de los Estados Unidos asume la presidencia, jura «preservar, proteger y defender la constitución de los Estados Unidos» con lo mejor de sus habilidades. La capacidad de los mortales para realizar una tarea es limitada, pero el poder y las facultades de Dios son ilimitados. Las Escrituras nos dicen que «Dios es amor» (1 Juan 4:8,16) y que el amor «todo lo soporta» (1 Corintios 13:7). El amor y la protección de Dios nunca dejarán de ser. Nuestro Dios es *siempre* el mismo Dios.

S.M.H.

EN NUESTRA ORACIÓN DIARIA:

- Recordemos las promesas que Dios nos ha dado acerca de sí mismo. En su Palabra leemos que siempre nos ama, siempre nos perdona y que él siempre es el mismo.
- Agradezcamos a Dios por su promesa de proteger a sus hijos en los momentos buenos y en las dificultades.
- Confiemos en el poder de Dios que siempre estará disponible en cantidades ilimitadas.

BIEN ASIDOS

[Ezequías] se mantuvo fiel al Señor
y no se apartó de él.

2 Reyes 18:6

La nación de Judá estaba dividida. Algunas personas servían con fidelidad a Dios, pero la mayoría seguía las prácticas idólatras de los pueblos paganos que los rodeaban. El Rey Ezequías, independientemente de lo que pensaba la opinión pública "se mantuvo fiel al Señor». Aun más, lo hizo durante todo su reinado, tanto cuando disfrutó de momentos de paz como cuando estuvo sitiado por el enemigo.

De la misma manera nosotros deberíamos mantenernos fieles al Señor, sin soltarnos de su mano para no acabar dando manotazos de ahogado. Si nos tomamos de él podremos mantenernos firmes cuando todo vaya bien, pero también seremos capaces de sobrevivir en los momentos difíciles.

S.M.H.

EN NUESTRA ORACIÓN DIARIA:

- Pidamos a Dios que nos fortalezca para que no nos apartemos de su corazón.
- Oremos pidiendo fuerzas para mantenernos fieles en las buenas y en las malas.
- Alabemos a Dios por los creyentes que son ejemplo de un andar cercano y comprometido con él.

CORAJE PARA EL CAMBIO

Yo, el SEÑOR, no cambio.

MALAQUÍAS 3:6

El cambio es algo inevitable, tanto para nosotros como para nuestros amigos y familia. Cuando debemos enfrentar un gran cambio, muchas veces hay sentimientos encontrados dando vueltas dentro de nosotros. Algo similar ocurre cuando muere un familiar, tenemos un vacío en nuestro corazón que no se puede llenar con nada. Al mudarnos de un lugar a otro, probablemente, rompamos vínculos con amistades que creíamos de por vida. Las modificaciones en nuestra carrera profesional suelen acarrear nuevas situaciones laborales, pero también nuevos amigos. Es muy normal que los cambios nos produzcan inquietud, pero lo bueno es que Dios nunca cambia. Si tenemos esa seguridad, podremos enfrentar con gusto, alegría y expectativa las nuevas situaciones de la vida.

S.M.H.

EN NUESTRA ORACIÓN DIARIA:

- Oremos para que nuestros familiares puedan enfrentar con paz los cambios producidos por la muerte de algún ser querido o por algún divorcio.
- Pidamos a Dios que ayude a nuestros amigos a acomodarse a los cambios en su carrera o en las mudanzas a lugares lejanos.
- Oremos para que Dios los libre de la ansiedad y los llene de expectativas, en la certidumbre de que él les allanará el camino.

AVÍVANOS OTRA VEZ

Entonces el SEÑOR tu Dios te bendecirá con mucha prosperidad ... El SEÑOR se complacerá de nuevo en tu bienestar, ... siempre y cuando obedezcas al SEÑOR tu Dios ... y te vuelvas al SEÑOR tu Dios con todo tu corazón y con toda tu alma.

DEUTERONOMIO 30:9-10

Wesley L. Duewel nos relata que en 1904, cuando Dios bendijo a Gales con un enorme avivamiento, un misionero galés escribió una carta desde la India a su familia rogando a la gente que orara para que Dios enviase un avivamiento también a ese país. Un grupo grande de mineros comenzó a reunirse durante media hora, todos los días antes de bajar a la mina, para orar por un avivamiento en la India. Después de unas semanas de oración, recibieron este mensaje: «El avivamiento ha llegado a la India».

¡El fuego del avivamiento de Dios todavía está a nuestra disposición! Pero debemos orar, y orar sin cesar hasta que llegue.

EN NUESTRA ORACIÓN DIARIA:

- Busquemos la unción de Dios al orar por un avivamiento en nuestra iglesia y comunidad.
- Pidamos a Dios que derrame el Espíritu Santo sobre nuestra vida, llenándonos de gozo y entusiasmo que contagien a otros.

LO QUE CUESTA LA DROGA

Pues borrachos y glotones, por su indolencia, acaban
harapientos y en la pobreza.
Proverbios 23:21

En los comienzos de la década de los ochenta el desempleo y los problemas con los padres eran los temas que preocupaban a los adolescentes; pero en la actualidad los jóvenes enfrentan una situación mucho más alarmante: el abuso de sustancias adictivas. Casi dos tercios de los menores de 25 años han probado las drogas. Los grupos en donde se distribuyen con más asiduidad son, por un lado las clases sociales de mayor poder adquisitivo, y por el otro las clases más pobres. El consumo de drogas y el alcoholismo le cuestan al estado norteamericano más de doscientos mil millones anuales, ya que la adicción hace que merme la capacidad productiva de las personas, que aumenten los delitos, y que los cotos de salud se incrementen.

S.M.H.

EN NUESTRA ORACIÓN DIARIA:

- Recordemos a las víctimas del abuso de sustancias: los bebés que nacen con adicciones, las familias destruidas, y las miles de personas que mueren en accidentes provocados por adictos a las drogas.
- Oremos para que los niños tengan el coraje de rechazar los estimulantes y narcóticos, a pesar de los problemas personales que esto pudiera acarrear.
- Oremos por la juventud de nuestra iglesia, sabiendo que asistir a las reuniones reduce significativamente el consumo de drogas.

VALOR EN EL DESIERTO DE MARRUECOS

Y este evangelio del reino se predicará en todo el mundo.

MATEO 24:14

Marruecos, en el noroeste de África, fue un baluarte del cristianismo. Los ejércitos moros invadieron y llevaron el Islam a este país desértico, eliminando finalmente a la iglesia. Si bien el país necesita desesperadamente un cambio económico y religioso, el gobierno se niega a reconocer la legalidad de la iglesia cristiana en Marruecos. La obra misionera está prohibida, pero los extranjeros cristianos pueden trabajar en diversas profesiones seculares. La persecución a los creyentes marroquíes va en aumento. En este ambiente hostil, el testimonio valiente de los cristianos puede costarles sus familias, sus empleos y la libertad.

EN NUESTRA ORACIÓN DIARIA:

- Intercedamos por Marruecos, un país con escasez de tierras fértiles, de recursos económicos y de la Palabra de Dios.
- Oremos para que Dios les dé valor a los pocos evangélicos que hay en Marruecos.
- Pidamos a Dios que mueva a los líderes marroquíes para que los cristianos tengan libertad religiosa y reconocimiento legal, y de esa manera que muchos más puedan ser salvos.

UN ERROR MUY COMÚN

Él determina el número de las estrellas
y a todas ellas les pone nombre.

SALMO 147:4

Quien comete el error de pensar que Dios no es más que el Gran Arquitecto del Universo y alguien completamente alejado de las míseras preocupaciones del ser humano, no podrá reconocer la gracia y el cuidado que Dios tiene por nosotros. La vida le parecerá simplemente una obligación, porque nunca se considerará a sí mismo un hijo de Dios, un hijo de su amor. ¡Qué pérdida eterna!

J. STUART HOLDEN

EN NUESTRA ORACIÓN DIARIA:

- Oremos pidiendo un espíritu equilibrado que no solo recuerde a Dios como el creador de los cielos sino que lo busque en los momentos de dolor.
- Pidamos a Dios que nos perdone por tomar la amistad con el Todopoderoso demasiado a la ligera.
- Entreguemos con gratitud nuestras fuerzas al servicio del Señor, conforme a su llamado.

CONFIEMOS EN SU OBRA

Esperamos confiados en el SEÑOR; él es nuestro socorro y nuestro escudo. En él se regocija nuestro corazón, porque confiamos en su santo nombre.

SALMO 33:20-21

¿Cuántas horas pasamos esperando cosas? Quizá que cambie la luz del semáforo, que una persona atienda el teléfono o que nos concedan la aprobación de una hipoteca. Tal vez aguardamos el nacimiento de un hijo. Al final de cuentas, ¿qué propósito tendrán tantas esperas?

Durante ese tiempo Dios va encajando las piezas del rompecabezas para cumplir en nosotros el propósito final que tiene para nuestra vida. Mientras esperamos, él obra en nosotros. Esta es nuestra esperanza: que la obra de Dios se cumpla en nuestra vida.

S.M.H.

EN NUESTRA ORACIÓN DIARIA:

- Agradezcamos a Dios el dominio que tiene sobre todos los minutos de nuestro día.
- Dediquemos a Dios todas nuestras esperas. Entreguémosle la impaciencia y ansiedad; aceptemos su paz.
- Usemos las esperas como joyas de oración: podemos alabar al Señor, agradecerle por su amistad o presentar alguna preocupación ante su trono.

LA BENDICIÓN DEL MATRIMONIO

Tengan todos en alta estima el matrimonio.

HEBREOS 13:4

Si pudiéramos mirar a nuestra mujer como si fuera la única mujer del mundo, y excepto ella ninguna otra existiera; o si pudiéramos mirar a nuestro marido como si fuera el único hombre del mundo, y excepto él ninguno más existiese, nada, ni el sol ni los reyes de la tierra brillaría tanto ante nuestros ojos como nuestro esposo o esposa. Quiera Dios que todos vayamos por la vida con esta actitud.

MARTÍN LUTERO

EN NUESTRA ORACIÓN DIARIA:

- Si estamos casados, alabemos a Dios por nuestro cónyuge, porque él o ella son un regalo de Dios.
- Si somos solteros, oremos por un amigo o pariente casado, para que consideren a su cónyuge como un regalo de Dios.
- Renovemos nuestro compromiso de valorar el matrimonio de la misma manera que lo hace Dios, como una institución instaurada y ordenada por él.

¿POR QUÉ NO?

Como palmeras florecen los justos; como cedros
del Líbano crecen. Plantados en la casa del SEÑOR,
florecen en los atrios de nuestro Dios. Aun en su vejez,
darán fruto;
siempre estarán vigorosos y lozanos.

SALMO 92:12-14

Cuando el doctor. Robert G. Lee, pastor emérito de la Primera Iglesia Bautista de Memphis, en Tennessee, cumplió ochenta y cuatro años, un amigo se le acercó para preguntarle si seguiría predicando a pesar de su avanzada edad. El Dr. Lee contestó: «¿Por qué no? Estoy físicamente sano, mentalmente lúcido, espiritualmente dedicado y lleno de amor por Jesús. ¿Por qué no continuar predicando como lo he venido haciendo por sesenta y dos años?»

EN NUESTRA ORACIÓN DIARIA:

- Recordemos a los pastores y evangelistas que viajan y predican el evangelio. Oremos pidiendo protección y salud para ellos.
- Alegrémonos por la dedicación y el compromiso que tienen para compartir las buenas nuevas de Cristo.
- Oremos para que Dios levante predicadores consagrados que puedan continuar la obra de los evangelistas ancianos, como el Dr. Lee y el Dr. Billy Graham.

EL PESO DE LA LEY

[Los gobernantes están] al servicio de Dios
para tu bien.

ROMANOS 13:4

Por amor a la misericordia, la espada de la justicia de este mundo debe hacerse sentir sin indulgencia y ejercer su poder con magnanimidad. Los rufianes y bribones deben ser castigados no solo para que los malvados sean penados y reciban así su merecido sino también para defender el bien, y preservar la paz y la seguridad. Estas son sin duda labores cristianas de extrema misericordia, amor y bondad.

MARTÍN LUTERO

EN NUESTRA ORACIÓN DIARIA:

- Recordemos a las autoridades que están al frente de las cárceles estatales y federales, a los directores, guardias e instructores, para que Dios los proteja y les dé sabiduría.
- Pidamos a Dios que haya más cristianos en estas ocupaciones para que los reclusos presencien un testimonio fiel.

UN TESORO ESCONDIDO EN QATAR

Ni las tinieblas serían oscuras para ti,
y aun la noche sería clara como el día.
¡Lo mismo son para ti las tinieblas que la luz!

SALMO 139:12

Enterrados en las arenas de Qatar hay extensos yacimientos petrolíferos. Estas reservas naturales han enriquecido a los habitantes de Qatar, pero las prácticas estrictas del islamismo sunita, adoptadas por el gobierno, han empobrecido el espíritu de los qatarí. Los cristianos de Qatar son pocos porque el gobierno prohibe el proselitismo entre musulmanes. Los extranjeros, atraídos por los altos sueldos, llegan a esta tierra inhóspita y desértica del Golfo Pérsico para trabajar en los pozos de petróleo. Si bien están sujetos a muchas restricciones, los extranjeros cristianos pueden reunirse informalmente para adorar a Dios en sus hogares. Estos pocos creyentes son el primer destello de luz en medio de la densa oscuridad espiritual.

EN NUESTRA ORACIÓN DIARIA:

- Oremos para que Dios bendiga y aumente el pequeño número de cristianos en Qatar.
- Oremos para que los creyentes descubran maneras creativas de compartir su fe.
- Pidamos a Dios que obre en la vida del emir de Qatar para que ponga fin a sus abusos y que todos gocen de libertad religiosa.

LA BONDAD DE DIOS

Su bondad quiere llevarte al arrepentimiento.

ROMANOS 2:4

La bondad de Dios es completamente buena. Cuando su misericordia echa raíces en nuestro corazón, brota en nuestras acciones, creencias y motivaciones. Arraigados en el amor de Dios, y nutridos por su compasión y bondad, creceremos hasta llegar a ser cristianos fructíferos que reflejan la bondad que tienen en su interior. ¿Qué mejor manera de mostrar nuestro arrepentimiento que mediante el fruto del amor y la bondad de Dios?

S.M.H.

EN NUESTRA ORACIÓN DIARIA:

- Busquemos la bondad de Dios. Reconozcámosla. Alegrémonos en ella.
- Dejemos que la bondad de Dios cale hondo en nuestro ser. Respirémosla. Absorbámosla.
- Revisemos nuestra vida y arrepintámonos de todo aquello que nos impida caminar cerca de Dios.

LA ORACIÓN DE LOS IMPÍOS

En otro tiempo ustedes, por su actitud y sus malas acciones, estaban alejados de Dios y eran sus enemigos. Pero ahora Dios, a fin de presentarlos santos, intachables e irreprochables delante de él, los ha reconciliado en el cuerpo mortal de Cristo mediante su muerte.

COLOSENSES 1:21-22

Debemos aprender a orar aun cuando estemos sumidos en medio de la maldad. Quizá en nuestro interior estemos batallando contra la ira, la lujuria, el orgullo, la avaricia, o la ambición. No deberíamos dejar fuera de nuestras oraciones las luchas que tenemos, por el contrario, sería bueno que le contáramos a Dios aquello que está ocurriendo en nuestro interior y que sabemos que no le agrada. Pongamos nuestra desobediencia en manos del Padre; él es suficientemente fuerte para llevar ese peso. El pecado, sin duda, nos separa de Dios, pero el intentar ocultarlo nos apartará aun más de él.

RICHARD FOSTER

EN NUESTRA ORACIÓN DIARIA:

- Contémosle a Dios lo que nos pasa. Presentémosle lo bueno pero también lo malo, aunque sepamos que a él no le agrada.
- Admitamos en oración nuestra obstinación y egocentrismo.
- Busquemos su misericordia para aliviar nuestra lucha interior.

EL LEGADO

*Esto es lo que su padre [Jacob] les dijo cuando impartió a
cada una de ellas [a las tribus de sus hijos] su bendición.*

Génesis 49:28

En los últimos momentos de su vida Jacob continuaba preo-
cupándose por ser un buen padre y compartir su fe. Las
palabras de Jacob sirvieron para recordarles a sus hijos que el
tiempo está en manos de Dios y que no hay por qué temer al
futuro. Dios ya estuvo allí y nos asegura que nada podrá sepa-
rarnos de su amor. Así como Jacob les dejó su fe como legado,
nosotros debemos legar a nuestros hijos la verdad de Dios para
que también los guíe en sus vidas.

S.M.H.

EN NUESTRA ORACIÓN DIARIA:

- Decidamos llevarnos bien con nuestros hijos.
- Dependamos de la gracia de Dios para tener un tiempo
  en el que podamos compartir nuestra fe con ellos.
- Pidamos la bendición de Dios sobre nuestros hijos, sean
  ellos grandes o pequeños.

LOS MIEMBROS DEL CUERPO

Ahora bien, ustedes son el cuerpo de Cristo, y cada uno es miembro de ese cuerpo.

1 Corintios 12:27

En la primera carta a los Corintios se mencionan algunos miembros del cuerpo (en referencia al cuerpo de Cristo): las manos, los ojos, los pies. Sin embargo, hay partes del cuerpo que no se mencionan, pero eso no quiere decir que sean menos importantes. En lo que hace a la vida de la iglesia, Dios nos ha dado a cada uno un don especial que resulta fundamental para el bienestar y la fortaleza del cuerpo. ¿Somos buenos cocineros? ¡Eso es un don! ¿Sabemos cantar? Eso también es un don de Dios. No nos subestimemos porque la función que cumplimos no aparezca detallada en la Biblia. Nuestro don puede no estar mencionado, pero es tan importante como cualquier otro.

Jessica Rodríguez, misionera en Ecuador

EN NUESTRA ORACIÓN DIARIA:

- Pidamos a Dios que nos revele el ministerio en el que quiere que lo sirvamos en la iglesia.
- Oremos para que Dios nos confirme ese don.
- Pidamos a Dios que los líderes de la iglesia sepan cómo usar de la mejor manera los dones que hay en la congregación.

SIN DÍAS FERIADOS

*Oro para que te vaya bien en todos tus asuntos y goces de
buena salud.*

3 Juan 2

A las 7:30 de la noche Bob se cayó y se quebró la cadera.
Como era Nochebuena, la mayoría de los comercios y
restaurantes habían cerrado temprano, debido al feriado. Pero
cuando Bob y el equipo médico de la ambulancia llegaron a
la sala de emergencias, las luces estaban encendidas y las puertas abiertas. Los médicos y enfermeros, que trabajaban con
dedicación, aliviaron su dolor, le realizaron una serie de análi-
sis y lo intervinieron quirúrgicamente. Esa Nochebuena,
cuando Bob finalmente se durmió en su habitación del hospital, otros médicos y enfermeros ya estaban allí para atender
sus necesidades posoperatorias; porque los hospitales y su personal médico no tienen feriados.

S.M.H.

EN NUESTRA ORACIÓN DIARIA:

- Agradezcamos a Dios por los servicios médicos que velan
por nuestra salud.
- Oremos para que Dios les de fuerza y sabiduría a los doctores y enfermeros que trabajan durante largas horas en
las guardias atendiendo a muchos pacientes
- Pidamos el toque sanador de Dios para los que están
internados en los hospitales.

PROBLEMAS EN TURKMENISTÁN

Cristo nos libertó para que vivamos en libertad.

GÁLATAS 5:1

La ex república soviética de Turkmenistán está despojándose lentamente de la opresión comunista y sustituyéndola por el islam. El desierto, en esta región asiática famosa por las alfombras, el petróleo y la producción de gas natural, abarca un ochenta por ciento de su territorio. La mayor parte del país es pobre, por lo que la ayuda de Irán es bienvenida. Sin embargo, junto con el apoyo vienen las leyes restrictivas del islam. Los cristianos son pocos y muchos no testifican por temor. El gobierno de Turkmenistán enfrenta una lucha sin cuartel para poder legislar la democracia, la libertad religiosa y las políticas económicas.

EN NUESTRA ORACIÓN DIARIA:

- Oremos para que haya completa libertad religiosa que permita que el evangelio se propague sin trabas.
- Hay pocos creyentes en Turkmenistán. Oremos para que Dios los fortalezca, les brinde su protección y aumente su número.
- Intercedamos por el gobierno, para que abra las puertas a la ayuda humanitaria de los grupos cristianos. Que esa sea una manera efectiva de compartir el evangelio.

NATURALEZA ABSOLUTA Y ETERNA

Si somos infieles, él sigue siendo fiel,
ya que no puede negarse a sí mismo.

2 TIMOTEO 2:13

La majestuosa gloria de Dios es que él nunca obra contra sí mismo. Siempre da lo mejor de sí, porque no puede negar su bendita naturaleza. Si alguna vez lo contemplamos sin tinieblas ni oscuridad que nos confundan o que nos hagan ver cosas que no existen; si alguna vez lo miramos cara a cara, sabremos que él es siempre el mismo. Podemos tener esta absoluta y eterna certeza: Dios siempre será lo que és.

ARTHUR JOHN GOSSIP

EN NUESTRA ORACIÓN DIARIA:

- Alabemos a Dios por su fidelidad: siempre nos amará, siempre nos perdonará, siempre nos cuidará.
- Regocijémonos porque Dios envió a su Hijo para que fuera la manifestación visible de todo lo que él és.
- Oremos para que, como hijos de Dios, podamos reflejar su carácter, siguiendo el ejemplo de Cristo.

FUERA DE FOCO

¿Y quién le puso la boca al hombre? le respondió el Señor. ¿Acaso no soy yo, el Señor, quien lo hace sordo o mudo, quien le da la vista o se la quita?

Éxodo 4:11

¿Nos hemos encontrado alguna vez tan ocupados con nuestras propias luchas, alegrías, proyectos o agenda, que nos preguntamos si seremos capaces de hacer todo lo que tenemos que hacer? Cuando nos miramos a nosotros mismos desde esa óptica, nuestra vista se nubla. La autosuficiencia es la antesala al fracaso. Pero Dios puede aclarar nuestra visión para que nuestro ego no nos ciegue.

S.M.H.

EN NUESTRA ORACIÓN DIARIA:

- Pidamos a Dios que nos muestre cómo las luchas pueden fortalecernos en la fe.
- Reconozcamos que las circunstancias que nos hacen sentir incompetentes son las que nos enseñarán a depender de él.
- Oremos para que Dios nos ayude a concentrarnos en sus prioridades y en el plan que él tiene para nuestra vida. Cedámosle el dominio.

UNA PALA MÁS GRANDE

Traigan íntegro el diezmo para los fondos del templo, y así habrá alimento en mi casa. Pruébenme en esto dice el Señor Todopoderoso, y vean si no abro las compuertas del cielo y derramo sobre ustedes bendición hasta que sobreabunde.

Malaquías 3:10

Su padre era un hombre que asistía siempre a la iglesia pero no diezmaba. Ella, que era apenas una niña daba sus diezmos. Entonces, un día le explicó a su papá el desafío de Malaquías y le propuso que hicieran un experimento: «Da tus diezmos, pues le corresponden a Dios», le dijo. «Hazlo por un mes y veamos qué pasa». El padre estuvo de acuerdo y la niña oró por él. Cuando a fin de mes él se sentó a hacer los números descubrió que había sucedido un milagro. Por primera vez en la historia de esa familia había dinero suficiente para pagar todas las cuentas y para llegar a fin de mes.

S.M.H.

EN NUESTRA ORACIÓN DIARIA:

- Analicemos en oración cómo ofrendamos a Dios. ¿Nuestra familia está diezmando?
- Oremos para ofrendar un poco más con el fin de cubrir alguna necesidad especial de la que tengamos conocimiento. Los recursos de Dios son mayores que los nuestros. Confiemos en que él saldará cualquier diferencia.

SOCIOS EN EL SERVICIO

[Pablo escribió:] Saluden a Priscila y a Aquila, mis compañeros de trabajo en Cristo Jesús. Por salvarme la vida, ellos arriesgaron la suya. Tanto yo como todas las iglesias de los gentiles les estamos agradecidos.

ROMANOS 16:3-4

En las manos de Dios pongo todas mis actividades de hoy. Todas las frustraciones, los obstáculos, los olvidos y las negligencias. Toda la alegría y la belleza, el amor, el deleite y los logros. Todo lo que la gente ha hecho por mí. Todo lo que he hecho por ellos. Mi trabajo y mis oraciones. Encomiendo a todos mis seres queridos a su cuidado, pastoreo y restauración, para que puedan cumplir con su llamado y realizar su obra.

En el nombre de nuestro Señor Jesucristo.

MARGARET CROPPER

EN NUESTRA ORACIÓN DIARIA:

- Oremos por quienes sirven junto al pastor principal en la congregación.
- Oremos por el equipo de servicio de otras organizaciones ministeriales.
- Pidamos a Dios que les dé a quienes trabajan en estas organizaciones prioridades equilibradas, una vida enfocada en Cristo y tiempo para la oración. También roguemos para que los viajes que deban realizar sean seguros.

HACER DE PADRE Y MADRE

El Señor fortalece a su pueblo; el Señor bendice a su pueblo con la paz.

SALMO 29:11

Puede que ellos sean vendedores de un supermercado o peluqueros. Puede tratarse del mecánico de nuestro auto o de alguno de nuestros colegas. Durante el día tienen diversas ocupaciones, pero, al terminar la jornada todos comparten la misma tarea: son padres o madres solos. Debido a diversos factores, el número de hogares uniparentales en todo el país ha ido en aumento. Los estudios revelan que en este tipo de familias, las probabilidades de que los niños tengan problemas disciplinarios o de aprendizaje son mayores. Así que los padres solteros están metidos en camisa de once varas al tratar de hacer las veces de padre y madre. El trabajo es difícil, pero cuando se realiza adecuadamente, las recompensas bien valen la pena.

S.M.H.

EN NUESTRA ORACIÓN DIARIA:

- Oremos por los padres y madres solteros que haya en nuestra iglesia y comunidad: que puedan encontrar un equilibrio entre su carrera y su familia, que tengan una vida centrada en Cristo y discernimiento para reconocer los problemas con anticipación.
- Pidamos a Dios que envíe consejeros que les brinden a estos padres sugerencias prácticas que les ayuden a disfrutar la crianza de sus hijos.

LA AFLICCIÓN

Por eso me regocijo en debilidades, insultos, privaciones,
persecuciones y dificultades que sufro por Cristo; porque
cuando soy débil, entonces soy fuerte.

2 CORINTIOS 12:10

La república de Azerbaiján, situada sobre el Mar Caspio, entre Armenia y Turquía, se independizó de la Unión Soviética en 1991. Después de haber sido dominados durante siglos por otros, los azerbaijaneses transformaron su forma de gobierno en un estado islámico. Si bien en ese país se garantiza la libertad religiosa, el sentimiento anticristiano es fuerte. Se han ido cerrando iglesias y muy pocos creyentes azerbaijaneses se sienten libres para reunirse públicamente. La distribución de literatura está permitida, pero es muy limitada debido al escaso número de creyentes.

EN NUESTRA ORACIÓN DIARIA:

- Oremos por la persecución que sufren los creyentes azerbaijaneses. Que puedan ser fortalecidos en su aflicción.
- Pidamos a Dios que envíe obreros para distribuir literatura cristiana a esta nación, en su gran mayoría no evangelizada.
- Oremos por el gobierno de Azerbaiján para que castigue a los extremistas islámicos y haga cumplir las leyes que garantizan la libertad religiosa.

UN DIOS FIEL

Tu fidelidad permanece para siempre.

SALMO 119:90

El pastor Bill Hybels cuenta acerca de una ocasión en la que le pidieron que se dirigiera a un gran público reunido en la India. Su falta de experiencia y el temor al fracaso estaban a punto de paralizarlo, pero entonces centró su atención en «el Dios fiel» y elevó esta oración: «Oro al Creador del mundo, al Rey del universo, al Dios omnipotente, omnisciente y siempre fiel. Oro al Dios que siempre me ha sido fiel, que nunca me ha fallado, a pesar del temor que yo pueda sentir o de lo complicada que pueda ser la situación. Voy a confiar en que él me usará esta noche. No por lo que soy sino por lo que él es. Él es fiel».

EN NUESTRA ORACIÓN DIARIA:

- Al enfrentarnos con un problema, oremos para que nuestra oración mueva montañas; reconozcamos la fidelidad de Dios en todas las situaciones.
- Llenémonos de la fortaleza y el poder de Dios y despojémonos de nuestros temores y ansiedades.
- Agradezcamos a Dios porque aumenta nuestra propia fe cuando nos animamos y confiamos en sus promesas.

EL POR QUÉ DE LA RENUNCIA

[Jesús dijo:] «Pero el que pierda su vida por mi causa, la encontrará».

MATEO 16:25

¿Por qué aparentemente Dios exige una renuncia antes de generar algo? A menudo nos aferramos tan fuerte a lo bueno conocido que eso nos impide recibir un bien mayor que nos resulta desconocido. Dios tiene que ayudarnos a deshacernos de nuestra miopía para que nos demos cuenta de que él quiere darnos algo mejor. El renunciar a lo conocido nos permite descubrir un valioso tesoro: la crucifixión de la voluntad.

RICHARD FOSTER

EN NUESTRA ORACIÓN DIARIA:

- Admitamos el deseo pecaminoso de querer controlar todos los aspectos de nuestra vida.
- Confesemos que somos reacios a renunciar a ese control por temor a lo que pueda ocurrir si lo hacemos.
- Dejemos que Jesús nos revele la aplicación de esa expresión «no se haga mi voluntad, sino la tuya» en nuestra familia, vida y trabajo.

LA SEÑORA GRADY

Imítenme a mí, como yo imito a Cristo.

1 CORINTIOS 11:1

Los modales bruscos de Helen Grady en realidad eran una fachada. Ella amaba a los niños. Siempre aguardaba con expectativa mis visitas diarias a su casa. Ella me enseñó cómo recoger huevos del gallinero sin que las gallinas me picotearan, cómo encender el fuego en la vieja cocina de hierro, y muchísimas otras cosas prácticas. Supo como enfrentar los monstruos horripilantes de mis sueños infantiles; siempre terminaba nuestros diálogos diciéndome: «Querido, ahora hablemos del Señor». Aun hoy puedo revivir esa presencia de Dios. Esos momentos captaron mi atención, mis afectos y mi fe.

JAMES MELVIN WASHINGTON

EN NUESTRA ORACIÓN DIARIA:

- ¿Hemos sentido la guía de Dios para enseñar a alguna persona más joven? Pidamos a Dios que nos ayude a darnos cuenta qué es lo que nos lo impide.
- Oremos para que Dios envíe mentores a todos los niños importantes que haya en nuestra vida.
- Pidamos a Dios que escudriñe nuestro corazón. ¿Podemos hacer nuestras las palabras de Pablo de 1 Corintios 11:1?

TOMAR PARTIDO

También ustedes considérense muertos al pecado, pero vivos para Dios en Cristo Jesús.

ROMANOS 6:11

Al nacer de nuevo, el pecado inherente a la vieja naturaleza no se destruye. Ese germen pecaminoso permanece en el creyente. Con el nuevo nacimiento se nos comunica una nueva naturaleza divina. La vieja naturaleza ya no tiene derecho sobre nosotros. Si nos reclama, podemos tomar partido por Dios y enfrentarla. En vez de ceder a su presión, debemos entregarnos a Dios como alguien que ha resucitado de la muerte.

HENRY A. IRONSIDE

EN NUESTRA ORACIÓN DIARIA:

- Oremos por los nuevos creyentes de la iglesia para que se mantengan firmes en su fe y no flaqueen.
- Pidamos a Dios que nos ayude a caminar bajo la guía del Espíritu como tutores de algún creyente recién convertido.
- Agradezcamos a Cristo porque murió por nosotros en la cruz.

CONTEMOS NUESTRAS BENDICIONES

Dios nos bendecirá, y le temerán
todos los confines de la tierra.

SALMO 67:7

¿Nos hemos detenido a pensar en las personas que son una bendición de Dios en nuestra vida? El repartidor de periódicos y el recolector de residuos nos benefician con sus servicios. Gracias al incansable desempeño de sus obligaciones, el cartero del barrio, la cajera del supermercado y el conductor del autobús también son bendiciones en nuestra vida. Los policías, los bomberos, los médicos y los enfermeros cumplen un papel especialmente importante en la comunidad. Ellos nos hacen la vida más fácil. Se encargan de que vivamos seguros de que gocemos de bienestar físico. Pero demasiado a menudo no nos percatamos de ellos. Seamos hoy de bendición a quienes bendicen diariamente nuestra vida: démosles las gracias.

CONOVER SWOFFORD

EN TU ORACIÓN DIARIA:

- Agradezcamos a Dios por todas las personas que se crucen hoy en nuestro camino.
- Invoquemos la bendición de Dios sobre sus vidas.
- Pidamos a Dios que los cuide mientras desempeñan sus funciones.

LUZ DE ESPERANZA EN EL BÁLTICO

Vuélvanse al SEÑOR su Dios, porque él es bondadoso y compasivo, lento para la ira y lleno de amor, cambia de parecer y no castiga.

JOEL 2:13

Latvia se independizó de la Unión Soviética en 1991. Los años de sumisión al yugo de la opresión comunista dejaron un país devastado moral, económica y socialmente. La represión comunista a la religión fue más fuerte en Latvia que en otras repúblicas bálticas debido al gran número de soldados y obreros rusos asignados a esa región. Los misioneros han ido regresando lentamente, y realizan cruzadas de literatura en regiones recónditas del país y campañas de evangelización para jóvenes. También organizan talleres de liderazgo para pastores, para que Latvia pueda convertirse en un fanal de esperanza en el Báltico.

EN NUESTRA ORACIÓN DIARIA:

- Oremos para que muchos sientan necesidad de Dios y respondan al llamado del evangelio.
- Pidamos la guía de Dios para que el gobierno encuentre un equilibrio entre el orgullo nacional y la influencia de las minorías étnicas. Que haya justicia para todos.
- Oremos para que los creyentes de Latvia vivan en armonía, para que su testimonio se haga fuerte y pueda llegar a otros.

LA SOMBRA DEL AMOR

Yo, el SEÑOR tu Dios, soy un Dios celoso.

ÉXODO 20:5

Fuerte es el amor, como la muerte,
y tenaz la pasión, como el sepulcro.

CANTARES 8:6

La Biblia, conociendo el corazón humano, nos asegura que Dios es un Dios celoso. Los celos son la sombra del amor. Una esposa indiferente no puede sentir celos; sólo si ama es celosa. Un Dios celoso no puede ser indiferente. Ama con un amor tan encendido e intenso que es apasionadamente celoso de su pueblo. Los celos de Dios son también el secreto de la venida del Salvador. Reflejan un amor tan profundo e intenso que es capaz de un sacrificio muy grande, como el de entregar a su propio Hijo.

GEORGE H. MORRISON

EN NUESTRA ORACIÓN DIARIA:

- Asegurémonos de que Dios sea el único que domine sobre nuestro corazón.
- Recordemos que somos «la niña de los ojos» de Dios (Zacarías 2:8).
- Escudriñemos nuestro corazón para ver si hay en nosotros celos injustos que puedan provocar divisiones entre nosotros y los demás.

DIGNO DE CONFIANZA

El que es honrado en lo poco,
también lo será en lo mucho.

LUCAS 16:10

El abuelo invitaba a Ceci a meterse al lago. Le decía que el agua estaba maravillosa y le prometía sostenerla de la mano. Lentamente, Ceci extendió una mano temblorosa. Sintió, entonces que el abuelo la tenía bien tomada y juntos se abandonaron gozosos en las aguas para disfrutar del baño.

Las pequeñas cosas de la vida, como mantener nuestras promesas o decir la verdad, son importantísimas. Agradamos a Dios cuando somos fieles en lo poco y nos ganamos la dulce confianza de quienes amamos.

S.M.H.

EN NUESTRA ORACIÓN DIARIA:

- Confiemos a Dios nuestras palabras, pensamientos y acciones, y pidámosle que nos ayude a ser siempre dignos de confianza.
- Arrepintámonos de las promesas que hemos hecho a la ligera y de las «mentirillas piadosas» que tan fácilmente se escapan de nuestros labios.
- Pidamos a Dios que nos ayude a ser fieles a nuestros compromisos y que podamos desarrollar hábitos de fiabilidad.

EDIFICAR LA CASA

Si el SEÑOR no edifica la casa,
en vano se esfuerzan los albañiles.

SALMO 127:1

Dejemos que el Señor edifique nuestra casa y cuide de ella. No interfiramos con su obra. Es asunto de él y no nuestro. Dejemos que el señor de la casa la dirija, que cuide de ella. Si es necesario hacer muchos arreglos, no nos preocupemos. Dios es grande. El que llena los cielos y la tierra también podrá llenar nuestra casa, sobre todo porque se ha propuesto hacerlo, y por ello el salmista lo alaba.

MARTÍN LUTERO

EN NUESTRA ORACIÓN DIARIA:

- Oremos por nuestra familia y por el hogar que estamos edificando: no solo por las paredes y el techo, sino por una casa consagrada.
- Pidamos a Dios que alivie las preocupaciones que pesan sobre los miembros de nuestra familia y que los bendiga en abundancia.
- Oremos para que Dios proteja a nuestra familia de la codicia y del querer parecernos a los vecinos en vez de procurar ser semejantes a Jesús.

UNA SEGUNDA OPORTUNIDAD

La palabra del SEÑOR vino por segunda vez a Jonás.

JONÁS 3:1

El Señor le encomendó a Jonás un mensaje de arrepentimiento para Nínive, pero él no fue fiel a ese llamado. Peor aún, Jonás huyó. Pero la Biblia nos dice que el Señor lo llamó otra vez. En esta ocasión, después de un viaje en la barriga del pez, Jonás cooperó. Atendió el llamado de Dios y Nínive se arrepintió. Dios le dio a Jonás una segunda oportunidad que sirvió para que una ciudad fuera salva. ¿Hay alguna persona en nuestra iglesia que se merezca otra oportunidad? Una segunda oportunidad puede ser justamente lo que se necesita para cumplir el plan de Dios, salvar una relación, o conseguir un nuevo amigo.

S.M.H.

EN NUESTRA ORACIÓN DIARIA:

- Preguntémosle a Dios:
- ¿Tengo que darle a alguien de la iglesia una segunda oportunidad para que entablemos una amistad?
- ¿Me estás llamando otra vez para hacer algo para ti?
- ¿Tengo una nueva oportunidad para restaurar una relación rota? ¿Qué impide que lo haga?

EL MUNDO DE NUESTRO PADRE

Alégrense, hijos de Sión, regocíjense en el Señor su Dios, que a su tiempo les dará las lluvias de otoño. Les enviará la lluvia, la de otoño y la de primavera, como en tiempos pasados.

Joel 2:23

No crees que si las aves y los animales hablaran, al ver el gobierno mundano que rige a los hombres, dirían: «Nobles y estimados señores: Ustedes gozan de la posesión asegurada de la vida y la tierra, mientras que a nosotros nadie puede asegurarnos la vida, el abrigo ni la comida, ni siquiera por una hora ¡Qué ingratitud! Que no puedan reconocer la vida gloriosa que nuestro Dios les ha dado en comparación con la que nos dio a nosotros, las bestias».

Martín Lutero

EN NUESTRA ORACIÓN DIARIA:

- Agradezcamos a Dios el techo y la comida que tenemos, y demos gracias por los animales que viven con nosotros.
- Pensemos en las políticas pendientes que el gobierno debe elaborar con respecto a la conservación del suelo y del medio ambiente.
- Reflexionemos sobre cómo podemos ser mejores mayordomos en el mundo de nuestro Padre.

HAMBRE ESPIRITUAL EN EL HIMALAYA

¡Todos los confines de la tierra son testigos de la salvación de nuestro Dios!

SALMO 98:3

Bután es un pequeño reino al este del Himalaya. Aunque este estado budista prohibe la adoración pública a Dios y la evangelización por parte de cualquier otra religión, los misioneros han servido en los campos médicos y como socorristas. Algunos butaneses se han convertido al cristianismo gracias al testimonio de los creyentes indios que los visitan y trabajan en el país. Sin embargo, a los cristianos nativos continuamente se los arresta, encarcela y tortura.

EN NUESTRA ORACIÓN DIARIA:

- Intercedamos por el trabajo de traducción de la Biblia a la lengua dzongkha, para que Dios levante nuevos traductores que sustituyan a quienes han tenido que dejar el país.
- Oremos para que Bután permita la libre extensión del mensaje del evangelio.
- Pidamos a Dios que potencie el testimonio silencioso de los misioneros y creyentes, para que llegue a los corazones de las personas con hambre espiritual en Bután.

SU MANO PODEROSA

Yo, con mi gran poder y mi brazo poderoso, hice la tierra,
y los hombres y los animales que están sobre ella, y puedo
dárselos a quien me plazca.

JEREMÍAS 27:5

Si se lo pedimos con sencillas palabras de oración, Dios nos da su asombroso poder. Nuestras oraciones pueden ser peticiones de necesidad o afirmaciones de enorme fe. El arzobispo inglés William Temple pedía la bendición sobre su congregación de la siguiente manera:

Que el amor del Señor Jesús nos atraiga hacia él;
Que el poder del Señor Jesús nos fortalezca en su servicio;
Que el gozo del Señor Jesús llene nuestras almas.
Que la bendición del Dios todopoderoso, el Padre, el Hijo
y el Espíritu Santo, sea por siempre entre ustedes y con
ustedes.

EN NUESTRA ORACIÓN DIARIA:

- Alabemos a Dios por su asombroso poder.
- Agradezcamos a Dios por su promesa de usar su poder para beneficio de sus hijos.
- Pidamos a Dios que su poder nos fortalezca para hacer su voluntad.

PAZ EN EL ALMA

Voy a escuchar lo que Dios el SEÑOR dice: él promete paz a su pueblo y a sus fieles, siempre y cuando no se vuelvan a la necedad.

SALMO 85:8

Anthony Binga, Jr., en su *Benediction for a Peaceful Soul* [Bendición para tener paz en el alma] hace esta oración: «Quiera el Señor librarte de cualquier remordimiento penoso cuando llegue el momento de la cosecha. Quiera también que hayas vivido de manera tal que las saetas de la justicia divina no atraviesen tu alma, ni las montañas de culpa te hundan.

»Que cada uno tenga su parte alrededor del trono refulgente de Dios, junto a los redimidos y santificados de todas las naciones, lenguas y pueblos y broten de sus labios voces eternas de júbilo y alabanza. Amén».

EN NUESTRA ORACIÓN DIARIA:

- Procuremos el don divino de la paz en lo profundo del alma. Sintamos cómo su presencia nos libera de todas nuestras inquietudes.
- Centremos nuestros pensamientos en el gran amor que Dios nos tiene. Sintamos cómo su Espíritu nos llena de gracia.
- Alegrémonos en la verdadera libertad de vivir con la paz de Dios.

EL PLAN «A»

Ester le envió a Mardoqueo esta respuesta: «Ve y reúne a todos los judíos que están en Susa, para que ayunen por mí. …Yo, por mi parte, ayunaré con mis doncellas al igual que ustedes. Cuando cumpla con esto, me presentaré ante el rey, por más que vaya en contra de la ley. ¡Y si perezco, que perezca!»

ESTER 4:15-16

El plan que Dios tiene para nuestra familia es el modo en que él quiere que sean las cosas. Su Plan «A» puede implicar decisiones difíciles, caminos tenebrosos y resultados inciertos. Pero, como familia, tenemos la opción de seguir a la muchedumbre en vez de al Creador.

Ester también tuvo opciones. Podría haber elegido mantenerse al margen y esperar que otra persona fuera el vocero de Israel. Pero por su fe, Ester eligió seguir el Plan «A» de Dios. ¿Qué plan elegirá seguir nuestra familia?

S.M.H.

EN NUESTRA ORACIÓN DIARIA:

- Reconozcamos la benevolencia de Dios al ofrecernos la opción de cumplir su voluntad como familia.
- Oremos pidiendo la dirección de Dios para nuestra familia; para que elijamos aquello que lo honre: opciones que correspondan al «Plan A» de Dios en nuestras vidas.

PREDICADORES PRACTICANTES

No sean perezosos; más bien, imiten a quienes por su fe y paciencia heredan las promesas.

HEBREOS 6:12

Generalmente tomamos como modelos a quienes respetamos por su conducta. Los tutores son personas que han asumido la tarea de ser ejemplo y darnos a conocer quiénes son, cómo piensan, qué han hecho y por qué vale la pena vivir como ellos. Cuando los hechos no se condicen con las creencias surge la hipocresía y la falta de credibilidad. Es por ello que los mentores se ganan nuestro respeto por «vivir lo que predican».

DICK BIGGS

EN NUESTRA ORACIÓN DIARIA:

- Intercedamos ante Dios para que envíe mentores para orientar a las parejas jóvenes de la iglesia.
- Pidamos a Dios que haya tutores financieros que aconsejen a los creyentes ahogados por las deudas.
- Escudriñemos nuestro corazón y pidamos a Dios que podamos encontrar un guía que nos ayude en los puntos débiles de nuestra vida, tanto en las grandes cuestiones como en las pequeñas.

JUGAR CON LA SALUD DE LOS ANCIANOS

Aun cuando sea yo anciano y peine canas, no me abandones, oh Dios.

SALMO 71:18

Una mujer que peinaba canas subió con dificultad al repleto autobús que se dirigía a Canadá. No iba a probar su suerte en los casinos como el resto de los pasajeros. Iba a comprar remedios. Las medicinas recetadas por su médico podían adquirirse en los Estados Unidos, pero «Medicare», su seguro de salud, le entregaba un medicamento similar más barato, que a ella no le caía bien al estomago. En Canadá, y a menor precio, podía conseguir el remedio recetado. La mujer, entonces, realizaba todos los meses un viaje de diez horas, para adquirir las medicinas que en los Estados Unidos están a disposición de los empleados, pero no de los ciudadanos mayores.

S.M.H.

EN NUESTRA ORACIÓN DIARIA:

- Oremos pidiendo que los gobernantes tengan sabiduría para revisar las políticas de salud para personas mayores. Estamos jugando con la salud de nuestros ancianos, y estas políticas deberían reverse.
- Pidamos a Dios que nos muestre de qué manera nuestra iglesia puede ayudar a los ciudadanos mayores para obtener el cuidado médico que necesitan.

EL NUEVO AMANECER DE OMÁN

La senda de los justos se asemeja a los primeros albores de la aurora: su esplendor va en aumento hasta que el día alcanza su plenitud.

PROVERBIOS 4:18

Con el aumento de las exportaciones de petróleo y una economía creciente y robusta, el Sultán de Omán ha prometido a sus súbditos una nueva etapa de prosperidad. Pero la nación de Omán está sumida en la oscuridad del islam. Si bien a los extranjeros les está permitido asistir a la iglesia, no existen las iglesias omaníes, por lo cual el número de cristianos en ese país no llega a veinte. En la comunidad todavía se siente una fuerte presencia misionera en el área médica, en la sociedad bíblica y en las librerías que distribuyen literatura cristiana en árabe. Las transmisiones cristianas por radio también son populares, y gracias a ellas algunos han aceptado al Señor.

EN NUESTRA ORACIÓN DIARIA:

- Oremos para que los extranjeros cristianos vivan vidas ejemplares que den buen testimonio a sus vecinos omaníes.
- Pidamos a Dios que fortalezca y proteja a los creyentes omaníes y los ayude a ser valientes testigos de Cristo.
- Oremos para que el gobierno garantice la libertad política para implantar iglesias omaníes.

EL GRAN LIBERTADOR

Tú eres mi refugio; tú me protegerás del peligro
y me rodearás con cánticos de liberación.

SALMO 32:7

El ejército de Senaquerib había amenazado al pueblo de Ezequías con una inminente destrucción. Uno de los generales le había entregado a Ezequías una carta de Senaquerib en donde insultaba a Dios y exigía la inmediata rendición de Jerusalén. Los soldados se burlaban de los pobladores intimidándolos con los rumores de la impostergable fatalidad. Sin embargo, la primera respuesta de Ezequías a este enemigo abrumador no fue ni el temor ni un combate verbal. Ezequías se puso a orar. Clamó a Dios pidiendo su mano poderosa de liberación. Siempre que debamos enfrentarnos con un ejército arrollador, sigamos el ejemplo de Ezequías, eludamos el temor y presentemos inmediatamente nuestras necesidades al poderoso Libertador.

S.M.H.

EN NUESTRA ORACIÓN DIARIA:

- Agradezcamos a Dios por las muchas veces que nos ha librado de pequeñas cosas.
- Alegrémonos en el poder y la fuerza de Dios que nos libera de enemigos arrolladores.
- Pidamos a Dios que cuando todo a nuestro alrededor parezca imposible, recordemos venir ante él.

UN MANDAMIENTO IMPERIOSO

Depositen en él toda ansiedad,
porque él cuida de ustedes.

1 PEDRO 5:7

Algunas personas van por la vida dando tumbos y tropezándose en un lado y en otro. Impostan la voz y nos hablan de «los tiempos difíciles que han tenido». A veces entran en su alcoba, cierran la puerta, y se sienten tan transportados y elevados que se olvidan de sus dificultades; pero ni bien se levantan de sus rodillas, vuelven a tomar todo ese peso sobre sus hombros. Abandonemos nuestras penas y depositemos todas las preocupaciones sobre él. Cristo dijo: «Venid a mí». Al cumplir este mandato recibiremos también su poder.

DWIGHT L. MOODY

EN NUESTRA ORACIÓN DIARIA:

- Traigamos al Señor nuestras preocupaciones y depositemos nuestra carga a sus pies.
- Agradezcamos a Dios porque prometió cuidarnos y llevar nuestras cargas.
- Alegrémonos, y que esto se vea en nuestro rostro, sabiendo que Dios se encargará de todo a su debido tiempo.

UNA CHARLA TRANQUILA

*[El Señor] en verdes pastos me hace descansar. Junto a
tranquilas aguas me conduce; me infunde nuevas fuerzas.*

SALMO 23:2-3

¿Alguna vez hemos intentado orar cuando tenemos «un
millón» de cosas que hacer? No es fácil orar en ese
momento. Siempre es difícil hacer algo que exige concentración cuando la situación es caótica. Lo mismo les ocurre a
nuestros amigos. Necesitan tomarse un tiempo para tomar
distancia de las distracciones de la vida y tener una charla
tranquila con su Padre celestial. Ayudémoslos a encontrar ese
momento de tranquilidad.

JESSICA RODRÍGUEZ, MISIONERA EN ECUADOR

EN NUESTRA ORACIÓN DIARIA:

- Oremos para que Dios nos dé claridad mental y propósitos concretos mientras oramos por nuestros amigos.
- Pidamos a Dios que nuestros amigos tengan la oportunidad de tener una charla tranquila con él.
- Pidamos a Dios que nos revele cómo podemos ayudar a nuestros amigos a encontrar ese momento de tranquilidad. Tal vez podríamos ayudarlos a terminar un proyecto, o cuidar sus hijos pequeños, u ofrecernos para hacer algún recado.

EL TESTIMONIO DE LA IGLESIA

*En la iglesia Dios ha puesto, en primer lugar, apóstoles;
en segundo lugar, profetas; en tercer lugar, maestros; luego
los que hacen milagros; después los que tienen dones para
sanar enfermos, los que ayudan a otros, los que
administran y los que hablan en diversas lenguas.*

1 Corintios 12:28

La primera tarea de la iglesia es buscar y salvar a los perdidos; la segunda es alimentar el rebaño; y la tercera es formar a la congregación para el servicio inteligente. Cuando las instituciones relacionadas con la iglesia relegan cualquiera de estas tres cosas, hacen más mal que bien. Por el contrario, si las instituciones desarrollan su labor con un espíritu de oración y no pierden de vista, ni por un instante, la intención de ganar personas para Cristo, su desempeño será invalorable.

R.A. Torrey

EN NUESTRA ORACIÓN DIARIA:

- ¿Nuestra iglesia está trabajando para salvar a los perdidos? Preguntémosle a Dios qué más se puede hacer.
- ¿Nos interesamos como iglesia por otros creyentes? Preguntemos qué más podríamos hacer.
- ¿Nuestra iglesia forma a los miembros para el servicio? Preguntemos a Dios qué podríamos hacer entre todos.

UN MENSAJE REÑIDO CON EL CREADOR

Lávame de toda mi maldad y límpiame de mi pecado. Yo reconozco mis transgresiones; siempre tengo presente mi pecado.

Salmo 51:2-3

Él, un hombre de mediana edad, dueño de su propio negocio, sirve en varias comisiones de la iglesia, disfruta sus vacaciones con su esposa e hijos en un lago cercano a su casa, pero esconde un secreto pecaminoso: es adicto a los vídeos pornográficos. Ella es profesora, enseña en una secundaria cristiana y trabaja como voluntaria en un hospital de la localidad, pero también tiene algo oculto: el baúl de su auto está repleto de revistas pornográficas.

La pornografía se vende tanto en los quioscos del aeropuerto como en los supermercados del barrio. Su mensaje está reñido con el del Creador, porque alimenta los deseos pecaminosos de la fantasía sexual que la Biblia llama «lujuria».

S.M.H.

EN NUESTRA ORACIÓN DIARIA:

- Pidamos a Dios que les dé valor a las autoridades locales para implementar leyes que prohíban la venta de pornografía.
- Intercedamos para que nuestros hermanos y hermanas sean liberados de esa adicción.
- Busquemos la protección de Dios para que las personas queridas no sean atrapadas por la «industria del entretenimiento» pornográfico.

UNIDOS EN CRISTO

Vuélvanse a mí, y yo me volveré a ustedes dice el SEÑOR
Todopoderoso.

MALAQUÍAS 3:7

Gran Bretaña necesita de nuestras oraciones. El aumento de la violencia, los divorcios, los suicidios y la ineficiencia política han repercutido en una insatisfacción generalizada. En la tierra de Calvino y Wesley, los cristianos manifiestan una actitud complaciente mientras se produce un colapso moral. Muchos jóvenes del Reino Unido no tienen contacto con el cristianismo ni saben lo que es. Las catedrales son poco más que museos de un sistema agonizante de creencias muertas. Las ideas de la *Nueva Era,* el misticismo oriental y el influjo de otras religiones han erosionado los fundamentos de esta monarquía cristiana. El Reino Unido necesita reconciliarse nuevamente en Cristo.

EN NUESTRA ORACIÓN DIARIA:

- Oremos para que Gran Bretaña regrese al fiel patrimonio de su pasado. Es necesario un avivamiento.
- Pidamos a Dios que despierte a los cristianos de su letargo para que lleguen a los jóvenes que buscan respuestas espirituales.
- Agradezcamos a Dios porque la erosión de la trama social ha hecho que algunos decidan entregarse al Salvador.

SANIDAD DE DIOS

Éste es mi consuelo en medio del dolor:
que tu promesa me da vida.

SALMO 119:50

La naturaleza de Dios y su propio ser son como la sangre que irriga el universo. La medicina es nada más que un estimulante, su tarea es decirle a la parte enferma: «Vamos, ponte bien». Muchas veces la persona se sana gracias a la intervención de un médico y otras tantas gracias a la labor de los enfermeros. Pero la restauración, la inspiración, la aspiración, y la victoria final se deben a la obra de Dios. Mientras Dios sea «el padre de toda compasión y el Dios de todo consuelo» el mundo no se derrumbará.

HENRY WARD BEECHER

EN NUESTRA ORACIÓN DIARIA:

- Presentemos nuestras enfermedades, dolores y penas ante Dios. Él sabrá cómo sanarlas.
- Debemos saber que Dios usará para bien todo lo que se cruce en nuestro camino.
- Pidamos a Dios que nos muestre si hay alguna persona a la que podamos consolar como hemos sido consolados.

ÍDOLOS SECRETOS

Instrúyeme, Señor, en tu camino para conducirme con
fidelidad. Dame integridad de corazón para temer tu
nombre.

SALMO 86:11

Cuando los israelitas tomaron Canaán, en apariencia cumplían con los requisitos de la adoración a Dios, pero en secreto adoptaron las costumbres idólatras de sus vecinos. Sin embargo sus acciones no estaban ocultas ante Dios. ¡Él sabe todas las cosas!

¡Cómo nos parecemos a los israelitas de la antigüedad! Mezclamos la adoración a Dios con los ídolos de nuestra cultura. ¿Cuántas veces esperamos que las tarjetas de crédito suplan nuestras necesidades? ¿Adoramos durante la semana ante los secretos altares del poder y del éxito y luego, llegado el fin de semana, le dedicamos unas pocas horas a Dios?

S.M.H.

EN NUESTRA ORACIÓN DIARIA:

- Pidamos a Dios que revele los ídolos ocultos de nuestra vida.
- Pidamos a Dios que nos perdone por seguir las prácticas idólatras de nuestra cultura.
- Pidamos santidad en el modo en que nos conducimos con las posesiones, el trabajo, el dinero, el poder, el éxito. Que todo lo que usemos y tengamos sea para su gloria.

EL LEÓN RUGIENTE

Su enemigo el diablo ronda como león rugiente, buscando a quién devorar. Resístanlo, manteniéndose firmes en la fe, … [y] el Dios de toda gracia … los restaurará y los hará fuertes, firmes y estables.

1 PEDRO 5:8-10

Hay un león rondando cerca de nosotros. El instinto natural que aflora es sentir miedo y huir. Pero si corremos, el león inmediatamente irá tras de nosotros. Lo único que podemos hacer es mantenernos firmes.

La Biblia dice que el diablo es como un «león rugiente» y que debemos enfrentarlo manteniéndonos «firmes en la fe» (1 Pedro 5:8-9). No tenemos por qué temer. La Palabra de Dios nos asegura que aunque el león (el diablo) esté acechando a nuestra familia, podemos enfrentarlo firmes y sin temor porque él huirá de nosotros (Santiago 4:7).

JESSICA RODRÍGUEZ

EN NUESTRA ORACIÓN DIARIA:

- Pidamos a Dios que nos abra los ojos para ver los leones que acechan a nuestra familia.
- Oremos para que nuestra familia se enfrente sin temor a los propios «leones», confiando en las promesas de Dios.

LAS PALABRAS DE LA PALABRA DE DIOS

Así que no dejamos de dar gracias a Dios, porque al oír ustedes la palabra de Dios que les predicamos, la aceptaron no como palabra humana sino como lo que realmente es, palabra de Dios, la cual actúa en ustedes los creyentes.

1 TESALONICENSES 2:13

Se requieren treinta sílabas en la lengua brasilera de kaiwá para decir: «Los cojos andan, y los ciegos ven». La revisión y corrección final del Nuevo Testamento en ndogo ha sido completada, pero los disturbios en la región hacen que la distribución de este material se vea amenazada. Los pijantjatjara y walrpiri de Australia pronto leerán la Biblia en su idioma natal. Estos son solo algunos de los informes positivos que nos llegan de los traductores de la Biblia en todo el mundo. Estos misioneros deben continuar trabajando, pues todavía hay millones que nunca han leído la Biblia en su propio idioma.

S.M.H.

EN NUESTRA ORACIÓN DIARIA:

- Oremos por los integrantes de los equipos de traducción y por sus familias, ya que las traducciones son compromisos de duración prolongada que conllevan largos períodos de separación.
- Pidamos a Dios que levante muchos voluntarios dispuestos a pasar largos períodos trabajando como personal auxiliar en la realización de las traducciones.
- Oremos por los equipos de traducción de la Biblia que han tenido que trasladarse debido a las guerras y contiendas civiles.

VÍNCULOS VIOLENTOS

La discreción te cuidará, la inteligencia te protegerá. La sabiduría te librará del camino de los malvados, de los que profieren palabras perversas.

PROVERBIOS 2:11-12

Con el aumento de la pornografía también se incrementan los delitos de violaciones. En los estados en donde la venta de material sobre sexo explícito es mayor, el índice de violaciones también crece. Los niños que han visto escenas pornográficas antes de los 10 años tienen una probabilidad quince veces mayor que la de los demás menores de ser violadores en el futuro. En Cincinati, estado de Ohio, después de que se confiscaron los artículos de librerías para adultos, se cerraron las salas donde se exhibían películas pornográficas y los salones de masajes; descendieron un cuarenta y dos por ciento la prostitución, los ataques y la comercialización de drogas; mientras que las violaciones, los asaltos y las rapiñas se redujeron en un ochenta y tres por ciento.

S.M.H

EN NUESTRA ORACIÓN DIARIA:

- Oremos para que la sabiduría y el cuidado de Dios acompañen a los agentes de la ley en su lucha contra los delitos violentos.
- Oremos para que se ponga fin a la venta de material de sexo explícito y para que se apliquen efectivamente las leyes promulgadas.
- Oremos para que Dios proteja nuestro barrio.

LA TIERRA DONDE PREDICARON PABLO Y SILAS

...Pablo escogió a Silas. Después de que los hermanos lo encomendaron a la gracia del Señor, Pablo partió y viajó por Siria y Cilicia, consolidando a las iglesias.

HECHOS 15:40-41

La ciudad de Antioquia en Siria escuchó por primera vez el mensaje del evangelio de boca de Pablo y Silas (Hechos 15). En los siglos posteriores a esa visita transformadora, los creyentes sirios han sido una minoría respetada en esta tierra mayoritariamente musulmana. Pero las leyes sirias permiten que las autoridades detengan, sin las debidas garantías legales, a los sospechosos de amenazar al gobierno. Como consecuencia, esta ley, de algún modo, permite el hostigamiento a los cristianos que intentan hablar a otros de su fe. Las visas para los misioneros son denegadas y los creyentes solo pueden testificar en la informalidad de sus hogares o de sus lugares de trabajo.

EN NUESTRA ORACIÓN DIARIA:

- Oremos para que los cristianos retomen el celo de los primeros creyentes de Antioquia.
- Pidamos a Dios que promueva el crecimiento de iglesias y grupos de comunión a pesar de las restricciones y la presión ejercida por el gobierno.
- Oremos para que el gobierno de Siria tolere otras creencias. Oremos por la salvación del presidente sirio.

EL DIOS VIVIENTE

Ahora sabrán que el Dios viviente
está en medio de ustedes.

JOSUÉ 3:10

Los israelitas estaban acampando en las afueras de Canaán cuando Josué le aseguró al pueblo que la presencia y las promesas de ayuda de Dios estaban de su parte. Como señal de esto, Josué les recordó que ellos tenían puesta su confianza en un «Dios viviente», en un Dios de poder y no en los dioses muertos de los cananeos. Aunque no podían verlo ni llevaban una imagen, como lo hacían los cananeos, el Dios viviente estaba en medio de ellos para acompañarlos a la tierra prometida. ¡Qué promesa! ¡Qué bendición!

S.M.H.

EN NUESTRA ORACIÓN DIARIA:

- Honremos a Dios por su poder y grandeza, aunque no lo veamos ni podamos tocarlo.
- Antes de hacer lo que tengamos que hacer en el día de hoy, seamos conscientes de que Dios ha estado allí y ha puesto su mano sobre esa situación.
- Oremos para tener un conocimiento más profundo del Dios viviente en toda su gloria.

LAS ABUNDANTES BENDICIONES DE DIOS

Tú coronas el año con tus bondades,
y tus carretas se desbordan de abundancia.

SALMO 65:11

No pasemos por alto las pequeñas cosas. Las bendiciones de Dios son abundantes. Demos gracias por el ronroneo de un gatito, el gruñido de un perro satisfecho, el hogar que tenemos, los amigos y la familia, el trabajo del que gozamos, la buena salud, el alimento suficiente para cada día; y todas las demás cosas. Demos gracias por la protección que Dios nos brinda cuando realizamos algún viaje, por el tiempo de descanso, la ropa que usamos y que lavamos, los artículos para la casa que tenemos, el transporte seguro, la lluvia que hace crecer las plantas, el sol que entibia la tierra, y el amor de Dios que lo hace todo posible.

S.M.H.

EN NUESTRA ORACIÓN DIARIA:

- Que este sea un día de agradecimiento. Que en todo minuto libre que tengamos podamos encontrar un motivo de gratitud.
- Por un día dejemos de lado los pedidos y las peticiones. Que este sea un día de alabanza por las bendiciones de Dios: las grandes y las pequeñas.

EL YUGO DESIGUAL

Jorán hizo lo que ofende al Señor, … y llegó incluso a casarse con la hija de Acab.

2 Reyes 8:18

Jorán había sido criado en un hogar devoto. Su padre, el rey Josafat, había gobernado Judá en paz porque había seguido los caminos de Dios. Pero Jorán se equivocó al elegir esposa. Se casó con la hija del malvado rey Acab, ofendiendo al Señor. Si bien este joven había tenido un padre consagrado, la influencia de su esposa lo hizo rebelarse contra Dios.

La elección de la pareja de nuestros hijos es un asunto crucial en sus vidas. Nuestros hijos y sus futuros esposos necesitan nuestras oraciones, no importa si ellos tienen seis años o veintiséis.

S.M.H.

EN NUESTRA ORACIÓN DIARIA:

- Pongamos a nuestros hijos y a sus amigos en oración.
- Pidamos a Dios que dirija la elección del marido o la esposa de nuestros hijos para que ellos no los alejen de él.
- Oremos para que nuestros hijos se casen con alguien que ame y sirva verdaderamente a Cristo.

LA FLOTA DE DIOS

De nuevo comenzó Jesús a enseñar a la orilla del lago. La multitud que se reunió para verlo era tan grande que él subió y se sentó en una barca que estaba en el lago, mientras toda la gente se quedaba en la playa.

MARCOS 4:1

Jesús utilizó los botes como medio de transporte para dirigirse a los lugares nuevos donde tenía que ministrar. Los misioneros de hoy en día siguen su ejemplo. Los barcos equipados con policlínicas móviles surcan los mares, llevando ayuda, programas de discipulado y literatura cristiana a miles de comunidades aisladas. Existen algunas flotillas que tienen base en Nueva Zelanda y que visitan a los isleños del Pacífico. Otros barcos en el río Amazonas llegan a tribus remotas. También hay buques que navegan por los canales de Europa, llevando el evangelio a puertos pesqueros y lugares turísticos.

S.M.H.

EN NUESTRA ORACIÓN DIARIA:

- Oremos por la salud espiritual y la seguridad de todos los integrantes de la flota de Dios.
- Pidamos a Dios que provea tripulaciones calificadas técnicamente para que estos barcos puedan navegar sin inconvenientes.
- Oremos para que los creyentes ofrenden con generosidad para estos ministerios estratégicos, ya que los costos operativos aumentan año a año.

VIDAS DESESPERADAS

El Espíritu del SEÑOR omnipotente está sobre mí, por cuanto me ha ungido … [para] darles una corona en vez de cenizas, aceite de alegría en vez de luto, traje de fiesta en vez de espíritu de desaliento. Serán llamados robles de justicia, plantío del SEÑOR, para mostrar su gloria.

ISAÍAS 61:1,3

Unos días atrás un alumno de mi escuela tuvo que asistir al entierro de un primo suyo que se había suicidado. Muchas veces preferiríamos no pensar en este tipo de episodios, pero debemos tomar en cuenta que los suicidios adolescentes han aumentado. El hecho es que los jóvenes no tienen esperanza. Sienten que no hay manera de superar las dificultades de la vida y en un gesto desesperado, se quitan la vida. Nuestros adolescentes no conocen a Cristo y, seguramente aun no han sentido su influencia ni han tenido contacto con los cristianos de su entorno. Quizá nos sentimos impotentes para ayudar a estos jovencitos en apuros, pero la oración es un arma poderosa.

MIKE WILSON

EN NUESTRA ORACIÓN DIARIA:

- Oremos para que el Señor aliente a los adolescentes que están atravesando por algún conflicto.
- Oremos por los adolescentes que están pensando en suicidarse para que puedan darse cuenta del valor que tiene su vida.
- Oremos por los adolescentes, para que acepten a Cristo como su Salvador.

DIFERENCIAS ÉTNICAS DEVASTADORAS

Sobre todo, ámense los unos a los otros profundamente,
porque el amor cubre multitud de pecados.

1 Pedro 4:8

Con la división de Yugoslavia en 1992 surgieron varios países más pequeños, como Bosnia, Servia y Croacia. Las incursiones de las fuerzas serbias y croatas, que pretendían tomar el territorio de Bosnia dejaron a su paso varios pueblos destruidos, mujeres violadas, y niños asesinados. Todavía hoy siguen las hostilidades en las ciudades donde hasta hace poco convivían pacíficamente diferentes religiones y culturas. Los musulmanes bosnios son muy reacios al evangelio, pues culpan de sus sufrimientos a los cristianos ortodoxos serbios y a los católicos croatas.

EN NUESTRA ORACIÓN DIARIA:

- Oremos pidiendo paz y justicia para Bosnia.
- Oremos para que toda ciudad y pueblo cuenten con un testimonio fuerte y efectivo.
- Pidamos a Dios que los cristianos bosnios admitan su odio y alcancen con su amor a otras religiones y culturas.

UN SER INNEGABLE

Yo soy el que soy, respondió Dios a Moisés. Y esto es lo que tienes que decirles a los israelitas.

Éxodo 3:14

El nombre divino «Yo soy» es una declaración de la eterna e inmutable existencia de Dios. Él es puro ser. Nada pudo ni podría haberlo hecho existir. Tampoco nada podrá hacerlo dejar de ser. Siempre fue y siempre será porque él *es* el ser. No hay otro atributo de Dios que resuma de mejor manera su naturaleza.

Charles R. Swindoll

EN NUESTRA ORACIÓN DIARIA:

- ¿Quién creemos que es Dios? Reflexionemos acerca de su eterno ser.
- Alegrémonos porque Dios quiere que lo conozcamos mejor, así como quiso que Moisés lo conociera.
- Dios siempre fue, siempre es, y siempre será. Meditemos en esto y en cómo afecta nuestros gozos e inquietudes.

BUENOS CHISMES

La gente chismosa revela los secretos;
la gente confiable es discreta.

PROVERBIOS 11:13

«Nunca podría decir algo malo sobre mi marido», dijo la esposa del profesor. «No estaría bien». Su comentario, hecho en una sala llena de matrimonios jóvenes, hizo acallar los murmullos. Sabíamos que su esposo no era perfecto; nadie lo es. Pero ella continuó alegremente: «Después de todo, cuando una persona le cuenta a otra persona acerca de un tercero, eso es chisme. Yo solo quiero contar "chismes buenos" acerca de mi esposo. De lo contrario, ambos saldríamos lastimados». Ese mismo día los jóvenes matrimonios decidieron aplicar también esa regla de «chismes buenos», sus matrimonios seguramente han sido muy beneficiados con ella.

S.M.H.

EN NUESTRA ORACIÓN DIARIA:

- Pongamos en oración las conversaciones que tendremos con los demás. ¿Nos gustan los chismes?
- Confesemos nuestra tendencia a usar los pedidos de oración como un medio para disimular chismes.
- Pidamos a Dios que nos muestre cuándo nos deslizamos contando chismes negativos acerca de otros.

SOLA EN UN RINCÓN

Por tanto, acéptense mutuamente, así como Cristo los aceptó a ustedes para gloria de Dios.

ROMANOS 15:7

Ana había asistido a una reunión familiar unos días atrás. Mientras conversaba y reía con sus primos, echó una mirada a la habitación. Entonces se dio cuenta de que su tía Bárbara estaba sentada sola en un rincón de la sala, jugueteando con su postre y hablando sola en voz baja. Bárbara, la segunda esposa de su fallecido tío John, era algo excéntrica y nunca se había integrado al resto de la familia. Algunos de sus parientes la llamaban secretamente la «tía bla-bla-blá» por su costumbre de hablar sola. Ana en ese momento se puso a pensar por primera vez que, posiblemente la tía Bárbara hablara sola porque nadie quería conversar con ella.

EN NUESTRA ORACIÓN DIARIA:

- Pidamos a Dios que nos recuerde a algún pariente que necesita saber que es parte de la familia.
- Pidamos el amor de Dios para ese pariente y oremos para que Dios nos ayude a mostrarle una bondad especial la próxima vez que lo veamos.
- Oremos en este mismo momento por una bendición especial para esa persona.

ORACIONES POR LAS GUARDERÍAS

El que recibe en mi nombre a uno de estos niños, me recibe a mí; y el que me recibe a mí, no me recibe a mí sino al que me envió.

MARCOS 9:37

Cuando los trabajadores de los centros infantiles y guarderías cuidan de los pequeños que están a su cargo, que esta sea su oración: «Dame, buen Señor, una mente humilde, sumisa, tranquila, calma, paciente, generosa, bondadosa, cariñosa y tierna. Que tenga todos los matices del amor en mis palabras, en mi proceder y en todos mis pensamientos, para poder sentir tu bendito y santo Espíritu».

THOMAS MORE

EN NUESTRA ORACIÓN DIARIA:

- Oremos por las personas que atienden a los pequeños en las guarderías infantiles. Oremos por el personal de estos centros que sirven a nuestros hijos en ausencia de los padres.
- Pidamos que Dios les dé salud, fuerzas y un corazón compasivo.
- Pide a Dios sabiduría para quienes contratan al personal de las guarderías, para que reconozcan a aquellas personas que no tienen experiencia o que no son buenas en su trabajo.

ÉTICA MÉDICA

Mis huesos no te fueron desconocidos cuando en lo más recóndito era yo formado, cuando en lo más profundo de la tierra era yo entretejido. Tus ojos vieron mi cuerpo en gestación: todo estaba ya escrito en tu libro; todos mis días se estaban diseñando, aunque no existía uno solo de ellos.

SALMO 139:15-16

Todos quisiéramos encontrar una cura para la enfermedad de Parkinson, la diabetes juvenil o el mal de Alzheimer. Se nos dice que en las investigaciones se experimenta con células madre que podrían servir como cura para estas enfermedades graves. Lo que no se nos dice tan explícitamente es que esas son células embrionarias tomadas de los fetos que fueron abortados. ¿Es ético intentar hallar la cura de estas enfermedades experimentando con embriones?

La ética médica se rige por la legislación. Pero, ¿estamos seguros de que la legislación se rige según las normas divinas?

EN NUESTRA ORACIÓN DIARIA:

- Reflexionemos sobre cuánto conocemos sobre las investigaciones médicas y las preguntas éticas planteadas en el Congreso con relación a estos temas. Si no sabemos lo que se está discutiendo, averigüémoslo.
- Oremos pidiendo sabiduría para que los investigadores descubran cómo curar estas enfermedades modernas sin transgredir las normas divinas.

LA IGLESIA EN RUSIA

Porque los ojos del Señor están sobre los justos y sus oídos, atentos a sus oraciones; pero el rostro del Señor está contra los que hacen el mal.

1 PEDRO 3:12

Los líderes comunistas se jactaban diciendo que en unos pocos años el último cristiano de la Unión Soviética desfilaría ante las cámaras de televisión para que todo el mundo viera que el cristianismo era una religión de viejos y locos. Alarmados, los cristianos del mundo comenzaron a orar por la Unión Soviética, pidiendo a Dios que concediera libertad religiosa y la libre distribución de la Biblia. La contestación a estas oraciones vino con el derrumbamiento de la Unión Soviética en 1990.

EN NUESTRA ORACIÓN DIARIA:

- Alabemos a Dios porque es más fuerte que las ideologías humanas. Él no hace alarde; sus palabras son realidad.
- Oremos por la iglesia en Rusia. Años de opresión dejaron como saldo edificios en ruinas, millones de asesinatos, encarcelamientos, y pastores desilusionados.
- Pidamos a Dios que fortalezca a los cristianos rusos, cuya identidad nacional está llena de engaños, temores y pobres normas de moral.

JEHOVÁ SHALOM

El Dios de paz estará con ustedes.

FILIPENSES 4:9

Cuando mencionamos la palabra paz, la gente se relaja. El saludo tradicional judío es *shalom*, que significa «paz», un deseo de plenitud y bienestar que solo puede venir de Dios. Este es un aspecto de la naturaleza de Dios, conlleva seguridad, contentamiento, prosperidad y el fin de las tribulaciones. Cuando tenemos la paz de Dios nuestro espíritu parece descansar en una hamaca de seguridad, refrescado por las brisas tibias de la tranquilidad. ¿Conocemos esta paz? ¿Quisié-ramos experimentarla más a menudo? Conozcamos al «Dios de paz».

S.M.H.

EN NUESTRA ORACIÓN DIARIA:

- Descansemos en Jehová Shalom: el Dios de paz. Entreguémosle nuestras preocupaciones.
- Sintamos cómo la mano de Dios llena y colma nuestra alma.
- Descubramos la presencia del Espíritu de Dios en nuestra vida, al compartir nuestra paz con los demás.

OÍR Y HACER

Pero la parte que cayó en buen terreno son los que oyen la palabra con corazón noble y bueno, y la retienen; y como perseveran, producen una buena cosecha.

LUCAS 8:15

Como cristianos estamos llamados a ser «hacedores» de la palabra de Dios y no meramente «oidores». El Señor no quiere que sus siervos se conformen con recibir sus jornales, comer de su pan, habitar en su casa y formar parte de su familia, él quiere que lleven a cabo su obra. Pero, no debemos confundirnos y pensar que por nuestras obras podremos ser justificados, o que podremos borrar uno solo de nuestros pecados con ellas. Pues de creerlo así, nada de lo que hiciéramos tendría valor. Hagamos firme nuestro llamado y elección. ¡Seamos cristianos hacedores de su palabra!

J.C. RYLE

EN NUESTRA ORACIÓN DIARIA:

- Pidamos a Dios que nos revele dónde estamos en la fe y dónde quiere él que estemos.
- Pidámosle que nos perdone por dudar de su poder para usarnos como instrumentos de su voluntad.
- Pidámosle que nos muestre cómo hacer que nuestra luz brille para él durante toda la semana.

SETENTA Y SIETE VECES

*Más bien, sean bondadosos y compasivos unos con otros, y
perdónense mutuamente, así como Dios los perdonó a
ustedes en Cristo.*

EFESIOS 4:32

En cierta ocasión Pedro le preguntó a Jesús cuántas veces
debía perdonar a su hermano. Jesús le contestó: «setenta
y siete veces» (Mateo 18:22). La respuesta que dio Jesús es un
giro idiomático que significa que debemos perdonarnos
infinitamente unos a otros, sin que esto dependa de la cantidad de males que nos hayan infringido. La familia y las amistades son bendiciones divinas irremplazables, pero a veces sus
palabras y acciones pueden lastimarnos. Nuestra disposición
a reconciliarnos con ellos no debería detenerse al llegar a
algún número mágico. Por el contrario tenemos que amar,
perdonar y reconciliarnos infinitas «setenta y siete» veces.

S.M.H.

EN NUESTRA ORACIÓN DIARIA:

- Recordemos si alguno de nuestros amigos o parientes ha
  dicho o hecho algo que nos lastimó.
- Traigámoslo a los pies de la cruz. Pidamos a Dios que
  restaure la relación.
- Busquemos el perdón de Dios por haber albergado resen-
  timientos contra esa persona.

SOLTEROS A LA VISTA

*El soltero se preocupa de las cosas del Señor y de cómo
agradarlo. …La mujer no casada, … se afana por
consagrarse al Señor tanto en cuerpo como en espíritu.*

1 Corintios 7:32,34

Algunos consideran que las actividades para solteros en la
iglesia son una especie de «mercado de parejas», un lugar
cristiano donde los solteros puedan encontrarse y buscar un
compañero. Sin embargo, la mayoría de los solteros asisten a
estas reuniones deseando tener comunión y sentirse en
familia, ellos quieren hallar un lugar seguro, una comunidad
receptiva para crecer en el Señor. Los solteros no son personas
que viven «haciendo nada» hasta el día en que se casan. Ellos
son nuestros hermanos en el Señor.

S.M.H.

EN NUESTRA ORACIÓN DIARIA:

- Los solteros tienen muchas luchas en su compromiso
  cristiano. Oremos para que Dios les provea las fuerzas y
  la dignidad para preservarse sexualmente puros.
- Pidamos que Dios guíe a los solteros cuando deban
  decidir con respecto a su carrera, a su hogar y a sus amistades.
- Oremos por los solteros que conocemos para que tengan
  fuerzas y perseveren en la fe.

BUENOS VECINOS

Hacen muy bien si de veras cumplen la ley suprema de la Escritura: «Ama a tu prójimo como a ti mismo».

SANTIAGO 2:8

Si nuestros vecinos colocaran carteles luminosos que dieran a la ventana de nuestro comedor o depositaran un montón de basura frente a nuestra casa de modo que su hedor llegara hasta la hamaca en donde nos mecemos, seguramente diríamos que no son buenos vecinos ¿no es cierto? De igual manera, los estados limítrofes tampoco son buenos vecinos si promulgan leyes adversas al estado en donde vivimos. Deberíamos interesarnos en las leyes que están en consideración en los estados vecinos, porque podrían ser más malas para nuestra localidad que cualquier cartel luminoso.

S.M.H.

EN NUESTRA ORACIÓN DIARIA:

- Pongamos en oración a los legisladores de los estados vecinos para que Dios les dé sabiduría y discernimiento al tomar decisiones.
- Oremos para que quienes nos representan lleven adelante políticas de buenos vecinos mientras legislan y promulgan las leyes.
- Pidamos la guía y sabiduría de Dios para los gobernantes de la nación que dirigen las políticas de estado.

MAURITANIA

*Afligidos y encadenados, habitaban en las más densas
tinieblas … En su angustia clamaron al SEÑOR, y él los
salvó de su aflicción.*

SALMO 107:10,13

Mauritania, en el noroeste de África, es una de las
naciones menos evangelizadas del mundo. Más del
noventa y nueve por ciento de la población profesa el islam.
No hay libertad religiosa. Confesar a Cristo está penado con
la muerte. Los mauritanos tienen prohibido siquiera entrar en
las casas de los extranjeros cristianos. Además, la extensión del
evangelio se ve restringida por el bajo índice de alfabetización
y la falta de material cristiano en las lenguas locales.

EN NUESTRA ORACIÓN DIARIA:

- Oremos por maneras innovadoras de llevar el evangelio
  a esa tierra cerrada.
- Oremos pidiendo fortaleza para los pocos creyentes de
  Mauritania, para que su testimonio brille aún más.
- Oremos para que los gobernantes de Mauritania quiten
  los obstáculos al evangelio y a la asistencia humanitaria
  cristiana.

FE ENERGIZANTE

A quienes el poder de Dios protege mediante la fe hasta que llegue la salvación que se ha de revelar en los últimos tiempos.

1 PEDRO 1:5

Toda verdad creída sinceramente proporciona energía a nuestra vida. Toda creencia genuina es fuerza actuando a nuestro favor. Pero muchas de las cosas a las que adherimos carecen de vida y poder, son como los huesos secos en el valle de aquella visión del profeta. Si fuéramos capaces de sentir el poder que encierran las verdades fundamentales de la fe cristiana, ellas vendrían a nosotros con la sorpresa de una nueva revelación.

JOHN DANIEL JONES

EN NUESTRA ORACIÓN DIARIA:

- Adoremos al Soberano Rey con temor; vengamos ante su presencia con humilde alabanza.
- Pidamos a Dios que esta semana haga realidad en nuestra vida las verdades de la fe.
- Oremos para que su poder llene nuestras experiencias de manera tan innegable que sepamos que es obra de él.

BIEN ENFOCADOS

*Ama al Señor tu Dios con todo tu corazón, con toda tu
alma, con toda tu mente y con todas tus fuerzas.*

MARCOS 12:30

Tus amigos y familiares pueden darte buenos consejos
sobre algunas cosas, pero sólo Dios puede guiarte en la
dirección correcta. Dios nos conoce mejor que nosotros mismos. Si seguimos su dirección acabaremos teniendo una vida
bien enfocada y con propósito. Cuando agradar a Dios sea
nuestro objetivo principal, la vida será mucho más sencilla. Al
satisfacer las necesidades de otros estaremos encontrando el
tiempo para cumplir su voluntad. Comenzamos a descubrir
oportunidades para amar a los demás. Amar a Dios nos permite, en primer lugar, estar bien enfocados y luego pone nuestra vida en su debida perspectiva.

S.M.H.

EN NUESTRA ORACIÓN DIARIA:

- Confesemos los momentos en los que no hemos amado
  a Dios con todo nuestro corazón.
- Pidamos el perdón de Dios por cualquier egoísmo que
  nos haga elegir nuestro camino y no el de él.
- Comprometámonos de corazón a cumplir su voluntad y
  compartir con otros su amor.

LÁMPARA A NUESTROS PIES

Tu palabra es una lámpara a mis pies;
es una luz en mi sendero.

SALMO 119:105

Señor: Que mis hijos se den cuenta cuánto necesitan tu frescura. Que se animen a edificar sus vidas sobre tu Palabra. Que puedan deleitarse genuinamente en el estudio de la Biblia. Que mis hijos amen la Biblia más que ningún otro libro.

Te ruego, Señor, que al amar tu Palabra, ellos reciban luz sobre la vida y que sean bendecidos con la gran recompensa que tienes para cada uno. Amén.

DAVID Y HEATHER KOPP

EN NUESTRA ORACIÓN DIARIA:

- Oremos para que la Palabra de Dios sea la guía que usen nuestros hijos para tomar decisiones sabias.
- Creamos que la Palabra de Dios será la regla que determinará sus filosofías y estilo de vida.
- Alegrémonos porque al amar la Palabra, nuestros hijos siempre reverenciarán, honrarán y adorarán al Señor.

LA HUMANIDAD GIME POR TERNURA

Ayúdense unos a otros a llevar sus cargas,
y así cumplirán la ley de Cristo.

GÁLATAS 6:2

Podríamos llegar fácilmente a miles de familias si tuviéramos miles de cristianos acercándose a ellas y acompañándolas cariñosamente en sus tristezas. Eso es lo que necesitan. Este pobre mundo gime y clama por ternura. Tengo la certeza de que eso fue lo que hizo que Cristo llegara a los corazones de la gente común. Él era uno de ellos.

DWIGHT L. MOODY

EN NUESTRA ORACIÓN DIARIA:

- Oremos para que Dios nos dé la oportunidad de acercarnos a alguien y ayudarlo a llevar su carga.
- Pidamos a Dios que abra nuestros ojos para que veamos cómo podemos servir.
- Pidámosle un corazón tierno y compasivo para reflejar a Cristo en quienes nos rodean.

UNA CASA EN LLAMAS

Si el centinela ve que se acerca el enemigo y no toca la trompeta para prevenir al pueblo, … al centinela yo le pediré cuentas de esa muerte.

EZEQUIEL 33:6

Nuestra nación está experimentando una pérdida de los valores éticos y morales, y a la par se da un incremento en la cantidad de personas sin techo, en la pobreza y en el consumo de drogas. Es nuestra responsabilidad estar informados, participar activamente y hacer oír nuestra voz con respecto a la crisis que enfrenta nuestra nación. Corrie ten Boom escribió lo siguiente: «Si tu casa estuviera en llamas, y yo tranquilamente acomodara los cuadros, ¿qué dirías? Creerías que soy tonta o sencillamente malvada». Nuestra nación está en llamas. Como buenos centinelas, ¿estamos haciendo algo para apagar el fuego?

S.M.H.

EN NUESTRA ORACIÓN DIARIA:

- Pidamos a Dios que levante centinelas consagrados que denuncien las injusticias nacionales.
- Pidamos a Dios que nos muestre cómo podemos ayudar a apagar los focos de pecado en nuestra tierra.
- Oremos para que Dios tenga misericordia de nuestro país y nos devuelva una conciencia temerosa de Dios.

DEL SHA A LOS CHIÍTAS

Anteriormente, yo era un blasfemo, un perseguidor y un insolente; pero Dios tuvo misericordia de mí porque yo era un incrédulo y actuaba con ignorancia. Pero la gracia de nuestro Señor se derramó sobre mí con abundancia, junto con la fe y el amor que hay en Cristo Jesús.

1 TIMOTEO 1:13-14

En 1979, los musulmanes extremistas chiítas depusieron violentamente al Sha de Irán. Pero la tiranía teocrática del ayatollah Khomeini y sus sucesores resultó ser más corrupta y cruel que cualquier otro sistema que rigiera anteriormente a Irán. A pesar de que la libertad religiosa tiene garantías constitucionales, la persecución a los cristianos se manifiesta en la discriminación que se da en la educación, a la hora de conseguir empleo y en los asesinatos de varios pastores. Sin embargo, al ver como actúan los creyentes al ser perseguidos, muchos iraníes han mostrado un marcado interés en el cristianismo.

EN NUESTRA ORACIÓN DIARIA:

- Pidamos a Dios que los expatriados iraníes acepten a Cristo para que puedan llevar su fe a Irán.
- Oremos para que los creyentes iraníes que están dentro del país tengan oportunidad de compartir el evangelio.
- Intercedamos para que surjan maneras creativas de llevar el mensaje de salvación a una tierra en tinieblas: a través de la radio, de la literatura y de los videos.

EL REY SOBERANO

¡El Señor es rey! ¡Regocíjese la tierra!
¡Alégrense las costas más remotas!

Salmo 97:1

No hay nada que necesitemos tanto como descubrir el poder que encierra esta verdad: «El Señor reina». Nuestro Dios no es un Dios muerto, ni un Dios inerte, ni un Dios ausente. Sino que es un Dios vivo, un Dios soberano, un Dios presente y un Dios que obra y participa activamente en la dirección, el dominio y la conformación de los asuntos de los hombres y las naciones. Una fe renovada en la soberanía de Dios nos hará trabajar con la certeza que brota de una fe poderosa. El Señor reina, y no nos fallará ni se desanimará hasta que triunfe la justicia.

John Daniel Jones

EN NUESTRA ORACIÓN DIARIA:

- Alabemos a Dios por su dominio sobre todos los aspectos de nuestra vida.
- Agradezcámosle por liberarnos de peligros ocultos y problemas desconocidos.
- Recordemos sus promesas y descansemos en ellas: él acabará la obra que comenzó en nosotros.

UN CARÁCTER TRANSFORMADO

Porque a los que Dios conoció de antemano, también los predestinó a ser transformados según la imagen de su Hijo.

ROMANOS 8:29

Las circunstancias no determinan el carácter. El carácter más noble puede surgir de las peores situaciones y las fallas morales pueden aparecer en las mejores circunstancias. Dondequiera que nos hallemos, tomemos las cosas que nos suceden en la vida como herramientas y usémoslas para la gloria de Dios; así colaboraremos con la venida del reino y el Señor usará las circunstancias para tallarnos y pulirnos a fin de que un día nuestra alma sea semejante a él.

MALTBIE D. BABCOCK

EN NUESTRA ORACIÓN DIARIA:

- Recordemos que Cristo dio lo mejor de sí: su vida en la cruz por nosotros.
- Entreguemos a Dios lo mejor de nuestra vida: las esperanzas más elevadas, los mejores talentos.
- Pidámosle que nos llene de su gozo y paz para que seamos más semejantes a él.

HONREMOS A NUESTROS MAYORES

«Honra a tu padre y a tu madre, que es el primer mandamiento con promesa, para que te vaya bien y disfrutes de larga vida en la tierra».

EFESIOS 6:2-3

Cuando los padres cumplen setenta y cinco u ochenta años, muchas veces descubrimos que ya no pueden ocuparse solos de todas sus necesidades. Al comenzar a hacernos cargo de ellos, es muy común que nos sintamos aislados y desanimados. Los padres muchas veces consideran la ayuda de sus hijos como un constante recordatorio de lo que ya no son capaces de hacer, y esto puede producir resentimiento. Pero es factible encargarnos de nuestros padres y honrarlos según los mandamientos de Dios. Hay muchos recursos que pueden ayudar a ambas partes a enfrentar los desafíos de la edad avanzada. El mejor recurso, sin duda, es la oración.

S.M.H.

EN NUESTRA ORACIÓN DIARIA:

- Pidamos a Dios que nos dé apertura para comenzar a pensar en el futuro cuidado que necesitarán nuestros padres. Honrémoslos honrando sus decisiones.
- Oremos para que sigan gozando de salud y agilidad mental, pero también de coraje para pedir ayuda cuando la necesiten.

«CALIENTA BANCOS»

Por eso te recomiendo que avives la llama del don de Dios
que recibiste cuando te impuse las manos.

2 Timoteo 1:6

Los vemos todas las semanas en los cultos de adoración. Los llamamos «calienta bancos». Supieron participar de comisiones, programas, comités, grupos de oración, estudios bíblicos; estuvieron presentes en las actividades de evangelización, en el coro y en la Escuela Dominical, pero ahora se dedican a calentar el mismo asiento todas las semanas. Perdieron la visión de la importancia que tiene su participación en la iglesia, y la llama de su don está extinguiéndose. Invitarlos a un estudio bíblico, pedirles personalmente que trabajen como voluntarios o acercarnos para darles una palabra de aliento puede reavivar esa llama.

S.M.H.

EN NUESTRA ORACIÓN DIARIA:

- Examinemos nuestro compromiso y participación en la iglesia conforme a nuestros dones y capacidades.
- Pidamos a Dios que nos dé una palabra de aliento para los «calienta bancos».
- Oremos por los miembros mayores de nuestra congregación. Preguntémosles acerca de como llevan adelante su servicio en la iglesia. Podríamos aprender algo de ellos.

UNA CAMINATA DE ORACIÓN

En efecto, toda la ley se resume en un solo mandamiento:
«Ama a tu prójimo como a ti mismo».

GÁLATAS 5:14

¿Sentimos a veces que Dios nos ha dado carga por nuestros vecinos? Wesley L. Duewel dice: «La carga por la oración comienza como una impresión interior de que deberíamos orar por una necesidad conocida o desconocida. Es la obra de gracia del Espíritu Santo la que pone presión espiritual sobre nuestro corazón. La situación es la que requiere y exige que clamemos por una respuesta de Dios. La carga es el llamado personal del Espíritu para que intercedamos».

EN NUESTRA ORACIÓN DIARIA:

- Demos un paseo por el barrio y al pasar frente a cada casa, oremos por ese hogar.
- Dejemos que el Espíritu Santo nos guíe a orar por las necesidades específicas que existan en cada casa: por salvación, seguridad, salud, empleo.
- Invitemos a otras personas a caminar y orar con nosotros para conquistar juntos nuestro barrio para Cristo.

SOMALIA, EL CUERNO DE ÁFRICA

El Espíritu del Señor omnipotente está sobre mí, por cuanto me ha ungido para anunciar buenas nuevas a los pobres. Me ha enviado a sanar los corazones heridos, a proclamar liberación a los cautivos y libertad a los prisioneros.

Isaías 61:1

En la especie de cuerno que asume la geografía del continente africano, las hostilidades étnicas han hecho añicos el país. Un dictador abusivo gobernó la nación de Somalia hasta 1991. Desde entonces no ha habido un gobierno central y las guerras entre las facciones han acabado con la agricultura y el crecimiento económico. A raíz de ello se ha preferido comercializar narcóticos, armas y la ayuda humanitaria que se recibe. Esta república, predominantemente musulmana, es contraria al cristianismo. En 1974 todos los misioneros fueron expulsados. Y a los pocos cristianos somalíes sobrevivientes se los persigue por testificar de su fe.

EN NUESTRA ORACIÓN DIARIA:

- Oremos pidiendo fuerza y coraje para los cristianos somalíes para que puedan mantenerse firmes en la fe y compartir el evangelio.
- La mayor parte del país nunca ha oído acerca de Cristo. Oremos para que los trabajadores cristianos de ayuda humanitaria puedan testificar.
- Existen unas pocas Biblias en somalí. Oremos para que lleguen a manos de los creyentes.

EL PODER DE EL SHADDAI

¿Acaso hay algo imposible para el SEÑOR?
GÉNESIS 18:14

Si Dios hizo los cielos, la tierra, los pueblos, las criaturas y todas las cosas, ¿habrá algo demasiado difícil para él? Debemos alabarlo anticipadamente por sus obras poderosas en nuestro favor. Él ya satisface nuestras necesidades, nos provee alimento, ropa y abrigo. Él se encarga también de nuestra economía y nos envía lluvias de infinitas bendiciones. Nos ha ofrecido los tesoros de su carácter: su gracia nos envuelve, su sabiduría nos guía, su fuerza nos sostiene. Él es *El Shaddai*, el Dios Todopoderoso. Y nos ama muchísimo.

S.M.H.

EN NUESTRA ORACIÓN DIARIA:

- Alegrémonos porque para Dios no hay nada demasiado difícil.
- Pongamos nuestras preocupaciones bajo su providencia poderosa.
- Resolvamos comenzar y terminar cada día de esta semana alabando a Dios por todo lo que hace y por todo lo que es.

RECONOCIMIENTOS

Appleton, George, ed. The Oxford Book of Prayer [El libro de oración de Oxford], Oxford University Press, Nueva York, 1988.

Belke, Thomas J. «North Korea's Juche», The Voice of the Martyrs, septiembre de 2000, p. 4, Bartlesville, OK: Voice of the Martyrs, 2000.

Bell, James S., Jr., ed. They Walked With God [Ellos caminaron con Dios], Moody Press, Chicago, 1993.

Biggs, Dick. Burn Brightly Without Burning Out [Brilla sin extinguirte] Biggs Optimal Living Dynamics, Gainesville, GA, 2000.

Cairns, Alan. Footprints of Faith [Pisadas de fe] Northern Ireland: Let the Bible Speak, 1989.

Christian Growth Study Bible, New International Version [Biblia de estudio para el crecimiento cristiano, Nueva Versión Internacional], Zondervan Corporation, Grand Rapids, MI, 1997. Notas de estudio: copyright 1997 de Youth With A Mission.

Cleary, Steve. «Carrying the Cross in North Korea» [Llevando la cruz en Corea del Norte]. The Voice of the Martyrs, septiembre de 2000, p. 4, Bartlesville, OK: Voice of the Martyrs, 2000.

Copeland, Germaine. Prayers That Avail Much for Business Professionals [Oraciones que significan mucho para los empresarios y ejecutivos]. Harrison House, Tulsa, OK, 1995.

Cowman, Mrs. Charles E. Manantiales en el desierto, Volumen 2. Zondervan Publishing House, Grand Rapids, MI, 1977.

Deane, Barbara. Caring for Your Aging Parents [El cuidado de los padres mayores], NavPress, Colorado Springs, CO, 1989.

Dorothy, Dale. «Turn Your Radio On» [Enciende la radio], World Gospel Mission Call to Prayer, Julio/agosto de 2000, p. 28-29, World Gospel Mission, Marion, IN, 2000.

Draper, Edythe, ed. et al. The Almanac of the Christian World [Almanaque del mundo cristiano], Tyndale House Publishers, Inc., Wheaton, IL, 1990.

Duewel, Wesley L. Mighty Prevailing Prayer [Oraciones poderosas], Zondervan, Grand Rapids, MI, 1990.

Duewel, Wesley L., Touch the World Through Prayer [Alcanza al mundo a través de la oración], Zondervan, Grand Rapids, MI, 1986.

Foster, Richard J. Prayer: Finding the Heart's True Home [Orar: encontrar el verdadero hogar del corazón], HarperSanFrancisco, San Francisco, 1992.

Gaither, Bill, P.J. Zondervan, et al, Great Gospel Songs and Hymns [Grandes himnos y cantos del evangelio], Stamps-Baxter Music, Zondervan Corporation, Dallas, TX, 1976.

Gaither, Gloria, ed. What My Parents Did Right [Lo que mis padres hicieron bien], Star Song Publishing Group, Nashville, TN, 1991.

Hall, Verna M., et al. The Christian History of the Constitution of the United States of America [La historia cristiana de la Constitución de los Estados Unidos de América], Foundation for American Christian Education, San Francisco, 1976.

Holmes, Marjorie «A Psalm for Marriage» [Un salmo al matrimonio], The NIV Women's Devotional Bible 2, p. 1287, Zondervan, Grand Rapids, MI, 1995.

Hosier, Helen, ed. The Quotable Christian [Citas para el cristiano], Barbour Publishing, Inc., Uhrichsville, OH, 1998.

Huff, Alice, y Eleanor Burr, eds. A Watered Garden: Devotional Stories From Missionaries [Un jardín regado: Historias devocionales de misioneros], Francis Asbury Press, Zondervan Publishing House, Grand Rapids, MI, 1987.

Hupp, Sarah M., ed. PUSH! Pray Until Something Happens [¡Fuerza! Ora hasta que pase algo], Peter Pauper Press, White Plains, NY, 2000. Those Who Care Teach [Quienes se preocupan, enseñan], Peter Pauper Press, White Plains, NY, 1999.

Hybels, Bill, y LaVonne Neff. Too Busy Not to Pray [Demasiado ocupados para no orar], InterVarsity Press, Downers Grove, IL, 1998.

Johnstone, Jill, You Can Change the World [Puedes cambiar el mundo], Zondervan, Grand Rapids, MI, 1992.

Johnstone, Patrick. Operation World: The Day-by-Day Guide to Praying for the World [Operación mundial: Guía diaria para orar por el mundo], Zondervan, Grand Rapids, MI, 1993.

Knight, Walter B., ed. Knight's Treasury of 2,000 Illustrations [El tesoro de Knight con 2000 ilustraciones], Eerdmans Publishing Company, Grand Rapids, MI, 1963.

Kopp, David y Heather, Praying the Bible for Your Children [Orando la Biblia con nuestros hijos], Waterbrook Press, Colorado Springs, CO, 1997.

Luther, Martin, compilado por Margarete Steiner y Percy Scott. Day By Day We Magnify Thee [Día a día te magnificamos], Muhlenberg Press, Philadelphia, 1946.

Moody, Dwight L. Still Waters [Aguas tranquilas], Marshal Pickering, HarperCollins Publishers, London, 1996.

Morgan, G. Campbell. Great Chapters of the Bible [Grandes capítulos de la Biblia], Evangelical Masterworks, Fleming H. Revell Company, Old Tappan, NJ, 1935.

Peterson, Eugene H. Praying With the Psalms [Orando con los salmos], HarperCollins Publishers y HarperSanFrancisco, New York y San Francisco1993.

Peterson, John W., ed. Great Hymns of the Faith [Grandes himnos de la fe], Singspiration Music, Zondervan, Grand Rapids, MI, 1977.

Prayers From the Heart [Oraciones desde el corazón], Honor Books, Tulsa, OK, 2000.

Rinker, Rosalind. Prayers: Conversing With God [La oración: Conversaciones con Dios], Zondervan, Grand Rapids, MI, 1998.

Rodríguez, Jessica. Diario personal de una trabajadora visitante de HCJB, octubre de 2000. Con permiso.

Sheets, Dutch. Intercessory Prayer [Oración intercesora], Regal Books, Gospel Light, Ventura, CA, 1996.

Smith, Hamilton, ed. Gleanings From Thomas Watson [Consideraciones de Thomas Watson], Soli Deo Gloria Publications, Morgan PA, 1995.

Spurgeon, Charles H., Morning and Evening [En la mañana y en la tarde], Zondervan Publishing House, Grand Rapids, MI, 1980.

Sweeting, George. Who Said That? [Quién lo dijo], Moody Press, Chicago, 1995.

Swindoll, Carles R., ed. The Living Insights Study Bible [Biblia de estudio con observaciones de vida], Zondervan, Grand Rapids, MI, 1996.

Swofford, Conover. Colección personal. Usado con permiso.

Tan, Dr. Pal Lee. Enciclopedia of 7,700 Illustrations: Signs of the Times [Enciclopedia con 7.700 ilustraciones: Las señales de los tiempos], Assurance Publishers, Rockville, Md, 1988.

Washington, James Melvin, PHD., ed. Conversations With God: Two Centuries of Prayers by African Americans [Conversaciones con Dios: Dos siglos de oraciones de afroamericanos], HarperPerennial, HarperCollins Publishers, New York, 1995.

West, Randy. «The Ministry of Presence» [El ministerio de la presencia] World Gospel Mission Call to Prayers, julio/agosto 2000, p. 6, World Gospel Mission, Marion, IN, 2000.

White, R.E.O. You Can Say That Again [Repíteme eso], Zondervan, Grand Rapids, MI, 1991.

White, Tom, et al «Country Summaries» [Resúmenes de los países], The Voice of the Martyrs, 2001, Número especial, pp.4-18, Voice of the Martyrs, Bartlesville, OK, 2001.

Wiersbe, Warren W., ed., Classic Sermons on the Atributes of God [Sermones clásicos acerca de los atributos de Dios], Kregel Classic Sermon Series, Kregel Publications, Grand Rapids, MI, 1989.

Wilson, Mike. Observaciones personales de un adolescente posmoderno. Usado con permiso.

World Almanac and Book of Facts 1999 [Almanaque y anuario mundial 1999], World Almanac, Pharos Books, Scripps Howard Company, New York, 1998.